四川职业技术学院文库 · 百年校庆丛书

职业能力培养学校创立与运营研究

Zhiye Nengli Peiyang Xuexiao Chuangli Yu Yunying Yanjiu

舒文 著

西南交通大学出版社
· 成都 ·

图书在版编目（CIP）数据

职业能力培养学校创立与运营研究 / 舒文著. 一成都：西南交通大学出版社，2017.12

（四川职业技术学院文库. 百年校庆丛书）

ISBN 978-7-5643-5953-9

Ⅰ. ①职… Ⅱ. ①舒… Ⅲ. ①职业教育 – 研究 – 中国 Ⅳ. ①G719.2

中国版本图书馆 CIP 数据核字（2017）第 308197 号

四川职业技术学院文库 · 百年校庆丛书

职业能力培养学校创立与运营研究

舒 文 著

责任编辑	武雅丽
封面设计	曹天擎
出版发行	西南交通大学出版社 （四川省成都市二环路北一段 111 号 西南交通大学创新大厦 21 楼）
发行部电话	028-87600564 028-87600533
邮政编码	610031
网址	http://www.xnjdcbs.com
印刷	四川煤田地质制图印刷厂
成品尺寸	170 mm × 240 mm
印张	8
字数	173 千
版次	2017 年 12 月第 1 版
印次	2017 年 12 月第 1 次
书号	ISBN 978-7-5643-5953-9
定价	38.00 元

前　言

今天，有不少大中专毕业生不符合企业等用人单位的需求已是一个不争的社会现实，究其原因,是其职业能力水平太低而不能满足就业岗位的要求。职业能力是指顺利完成某种职业活动所必需的并影响活动效率的个性心理特征，包括思想品德、心理状态、专业知识、业务技能、灵活主动及环境适应等在内的综合素质所转化成的工作能力，不是一些人所理解的单纯专业知识或职业技能。依此概念，综观全社会，我们发现从业人员特别是新就业人员的职业能力水平堪忧，甚至还有下滑的趋势。怎么解决？必须重构职业能力培养系统，创新职业能力培养体制机制。在新体系中，职业能力培养实施机构（单位）无疑是十分重要的因素，即职业能力由谁来全面系统化地培养关乎职业能力提升的根本。当前，我国职业能力培养的实施主体主要有学历教育学校、职业培训学校、咨询公司、用人单位等，但这些主体的培养实施往往呈片面分散状态，不能适应经济社会发展的需求。

学历学校的核心是传授知识，但知识不等于素质，我们必须承认学校里的是学生，不是员工，毕业证不是能力证。现有各类各层次学校（包括职业院校）都是事实上的注重专业知识传授的学历教育组织，它们不可能以职业能力培养为重点。学校里教师教的是专业，而用人单位员工干的是职业。专业要求的是专业知识和专业技能，职业要求的是职业态度和职业能力，这样就导致了学校与用人单位事实上的不对接。尽管在政策指导下，大量学校特别是职业学院实施校企合作、“双师型”教师、兼职教授和毕业“双证制”等举措，但效果甚微。其根本原因是学校和用人单位是两种不同性质的组织，其使命和目标及游戏规则都有本质的不同。“把学生当成员工一样来培养”，本质是违背人的成长规律的。因此，喊了多年，结果是空话一句。同时，职业能力的地域性特征，学历学校根本无法顾及，因为学校在一地，工作在各地是客观的现实。

现行的职业培训学校基本上是低层次的，单一地培训某种业务技能，以能够帮助学生找到一个谋生的工作为目的的培训机构，它们生存的依据在很大程度上是因为国家的政策性补助，得到国家的“钱”是一些培训学校的本质目的，其在培训方面出现一些负面的消息也就不难理解了。但国家的钱是不能被浪费的，改革势在必行，因为那是人民的钱。

社会中有为数众多的各种咨询公司，它们不以培训教育为主要业务，其培训教育基本上是围绕咨询方案而展开的。即使有的咨询公司能够专门做培训，但也只是在某一方面提升，如责任心的提升，而不可能进行综合的职业能力培育。更重要的是，它们和学历学校一样，观照不了职业能力的地域性特点，而地域文化是影响职业价值观的核心要素，因地制宜才能培育高效的职业能力水平。

用人单位认为，他们那里是战场，不是试验田，更不是实验室。因此，他们不愿意为毕业生付出职业能力培养的学费，只愿意培训组织文化、规章制度、工作流程及业务技能。

因此，我们认为，在县级以上地方政府创立并运营职业能力培养学校是一项创新型探索，它将根本性改变职业能力培养理念和实践模式，必将对我国整个人才培养全过程带来理念的革命和人才培养价值链的重新整合，在全社会形成一条学历学校培养专业知识和专业技能、职业能力培养学校培养职业能力、用人单位培养组织文化的人才培养价值链，以解决大中专学校、用人单位及毕业生的困惑，实现以职业能力促就业，让千千万万的毕业生能尽快找到工作并适应工作岗位要求。

本书所指的职业能力培养学校是一个根本性改变职业能力培养理念和实践模式的新系统，它主要培养来自四方八面的拥有学历证书并与当地用人单位签订了用人协议的求职者，具有明显的地域性及岗位针对性，目的是用地域性职业能力来促进求职者的就业水平和增强岗位工作能力适应性，因为产业设置有很强的地域性特点。职业能力培养学校必须始终保持政府主导的公益性质，其投资主体是政府，它能促进政府为职业能力培养而投入的经费产生其应有的经济和社会效益，大大提高资金的使用效率，降低政府公共资源的机会成本，遏制政府公共资源配置过程中的机会主义行为。当然，其培养业务的落地实施也可以外包给按标准考核合格的其他教育培训组织。

本书为四川省教育厅人文社会科学重点项目“地方政府主导型职业能力培养学校的创立与运营模式研究”（课题编号：11SA152）的规范研究及其实证应用的成果。因此，本书由规范研究和实证研究两部分构成，规范研究重在理性分析，实证研究则进行了大量的数据分析，两者相得益彰。在规范研究过程中得到了王成璋老师等多位专家和同事的指导，在实证研究过程中由四川大学的两位研究生做了大量的基础工作，在此一并致以诚挚的谢意！

作者

2017年9月于厚德楼

目　录

上篇　规范研究

下篇　实证研究

上篇　规范研究

1 问题的提出

1.1 职业能力的含义

职业能力是指顺利完成某种职业活动所必需的并影响活动效率的个性心理特征，包括思想品德、心理状态、专业知识、业务技能、灵活主动及环境适应等综合素质所转化成的工作能力，不同于一些人所理解的职业技能。职业能力对一个职场人非常重要，它直接关系到一个人的生存竞争水平，因此，职业能力培养已成为全球各地教育、培训的基本趋势。

1.2 我国大中专毕业生职业能力现状分析

今天，用人单位普遍反映很多大中专（包括职业学院）毕业生岗位胜任能力差，即职业能力低下，硕士、博士也要很长的工作适应期，一些拥有职业资格证的毕业生也名不副实，达不到岗位的职业能力要求。

改革开放以来，我国逐步建立起中国特色的人才培养模式体系，逐步加强了对人才的职业能力的培养和认证。但是民众的职业能力水平仍然令人担忧，在今天甚至有下滑的趋势。作为职业技术学院的教师，我们长期关注企业的人力资源状况，深感学校毕业生的职业能力不能满足企业的需求。糟糕的是，大多数用人单位认为机会成本太高，不愿意承担员工职业能力的培养任务。他们认为自己这里是战场，不是练兵场，因而打出“有从业经验者优先”的招聘语。难道毕业生一出校门就要被抛到社会中去漂浮两三年以获得“从业经验”？殊不知刚毕业的两三年是人生最关键的时期，它决定着毕业生们一生的职业态度。谁敢保证他们不会因此而对社会失去信任，对人生失去信心，进而得过且过甚至玩世不恭？这对社会来说是一种人才浪费。因此，提升求职者的职业能力，是全社会迫切需要解决的重大课题——职业能力培养十分急迫！

1.3 现阶段我国职业能力培养模式分析

如前所述，职业能力是包括思想品德、心理状态、专业知识、业务技能、灵活主动及环境适应等综合素质所转化成的工作能力，因此，必须根治人们对职业能力理解的片面性和现有学校培养的局限性。现有各类各层次学校（包括职业院校）都是事实上注重专业知识传授的学历教育组织，其不可能以职业能力培养为重点。学校里教师教的是专业，而用人单位员工干的是职业。专业要求的是专业知识和专业技能，职业要求的是职业态度和职业能力，这样就导致了学校与用人单位的事实上的不对接。尽管在政策指导下，大量学校特别是职业学院搞了校企合作、“双师型”教师、兼职教授和毕业双证制等举措，但效果甚微。其根本原因是学校和用人单位是两种不同性质的组织，其使命和目标及游戏规则有本质的不同。现实的条件是学校不可能成为用人单位，用人单位也不可都能办学校。因此需要一个中间组织——职业能力培养学校——来承担求职者职业能力培养的工作，将有学历并与用人单位签订了用人协议且明确了工作岗位的大中专毕业生等求职者送到该中间组织进行职业能力培养，以满足用人单位的岗位要求，形成一条学历学校培养专业知识和专业技能、职业能力培养学校培养职业能力、用人单位培养组织文化的人才培养价值链，各司其职又协同运行，最终提高用人单位的满意度和求职者的成就感。

1.4　中外职业能力培养模式比较研究

目前国内尚无组织和个人研究该课题，有一些组织和个人做了一些与本书有相关性的研究，如职业能力的重要性及职业能力的构成要素、在大中专学校如何实施职业能力培养等。这些都不是本书的研究重点，本书重点研究职业能力培养的管理体制和运行机制，这是我们认为职业能力培养的根本问题。本书主要研究职业能力培养由谁组织实施最好，它是什么性质的组织及为什么必须是这样性质的组织，它被创立后该如何运营等。

国外有组织和个人也研究了与本书研究相关的课题，如职业能力培养的美国模式、德国模式、英澳模式和新加坡模式等。但他们都只是侧重于研究培养过程，没有更多地研究培养体制、机制及其运行载体的类型，如美国的社区学院、德国的“双元制”、英澳的能力本位、新加坡的“教学工厂”等职业能力培养模式。日本有职业能力培养大学，但由于其政府管理体制与我国不同，因此其运营模式也有根本的不一样。

2 我国现行职业能力培养机构的缺陷分析

当前，我国大中专毕业生的职业能力非常不符合企业等用人单位的要求，究其原因，现行的职业能力培养实施机构（单位）由于其自身的组织性质及发展目标，不可能真正承担全面培养就业人员职业能力的责任。当前，我国职业能力培养的实施主要有以下 4 种组织来承担，而它们均有各自的缺陷。

2.1 学历教育学校的缺陷

学历学校核心是传授知识，但知识不等于素质，我们必须承认学校里的是学生，不是员工，毕业证不是能力证。学校和用人单位是两种不同性质的组织，和目标及游戏规则都有本质的不同。“把学生当成员工一样来培养”，本质是违背人的成长规律的。同时，职业能力的地域性特征，学历学校根本无法顾及，因为学校在一地，工作在各地是客观的现实。

2.2 职业培训学校的缺陷

现行的职业培训学校大多是低层次的，单一地培训某种业务技能，以能够帮助学生找到一个谋生的工作为目的的培训机构，其生存的功利性决定了其不可能对毕业生进行有效的职业能力培育，甚至它们生存的依据在很大程度上是因为国家的政策性补助，得到国家的“钱”成了很多培训学校的本质目的，其在培训方面出现不少负面的消息也就不难理解了。但国家的“钱”是不能被浪费的，改革势在必行，因为那是人民的钱。

2.3 培训与咨询公司的缺陷

社会中有为数众多的各种咨询公司，它们不以培训教育为主要业务，其培训教育基本上是围绕咨询方案而展开的。即使有的咨询公司能够专门做培训，也只是在某一方面提升，如责任心的提升，而不可能进行综合的职业能力培育。和学历学校一样，它解决不了职业能力的地域性特点，而地域文化是影响职业价值观的核心要素，因地制宜才能培育高效的职业能力水平。

2.4　用人单位的缺陷

用人单位说：我们这里是战场，不是试验田，更不是实验室。大多数用人单位因为机会成本太高不愿意承担员工职业能力的培养，它们不愿意为毕业生支付职业能力培育的学费，只愿意培训组织文化、规章制度、工作流程及业务技能，自然就打出“有从业经验者优先”的招聘语。难道毕业生一出校门就要被抛到社会中去漂浮，就业无门又如何获得“从业经验”？

3　职业能力培养学校的创立

3.1　职业能力培养学校的界定及其可行性

本书所研究的职业能力培养学校是由地方政府出资组建的具有社会公益性的并提供公共产品的教育培养组织，它的组织性质必须是公立的，始终由政府职能部门主管，但可以依法定程序实行培养业务不同程度的标准化外包。因此，把它命名为地方政府主导型职业能力培养学校。由于职业能力有很强的地方色彩，它针对当地各行各业的所有用人单位的职业岗位群而设置职业能力培养内容，培养来自祖国各地各类各层次学校的拥有学历证书并与当地用人单位签订了用人协议且明确了工作岗位的大中专毕业生等求职者。求职者绝大多数是跨地域流动求职，尽管国家也要求学历学校设置专业要与其所在地的产业结构和行业实际相结合。职业能力培养学校只搞职业能力培养，不搞学历教育，培养合格后发给求职者货真价实的职业资格证，以证明其职业能力水平；其培养师完全由当地各行各业的岗位职业能力最高水平者兼职担任，实行小批量、多批次的“传、帮、带”培养模式；它由当地人力资源和社会保障部门主管并组织实施（我国县级及以上政府的人力资源和社会保障部门中都有职业能力建设职能部门），自上而下成一体系，统一领导和开展各层次的职业能力建设。如人社部职业能力建设司的职责是拟订城乡劳动者职业培训政策、规划；拟订高技能人才、农村实用人才培养和激励政策；在国家教育工作方针政策指导下，拟订技工学校及职业培训机构发展规划和管理规则，指导师资队伍和教材建设；完善职业技能资格制度；组织拟订职业分类、职业技能国家标准和行业标准）。实践已经证明并将继续证明，只有地方政府凭借自己的社会公共权力，全力投入并强力推动，才可能根本解决本行政区域内的各行各业的岗位职业能力的需求问题。也只有这样，才能使职业能力根植于地方土壤，推动当地经济社会的持续发展。本研究重点研究它的创建的意义与怎样创建以及建成后如何运营，会产生多大的经济和社会效益。其管理体制与运行机制也是研究的内在应有之义，不重点研究职业能力的培养内容和要素。

现有各类各层次学校（包括职业院校）都是事实上的注重专业知识传授的学历教育组织，它们不可能以职业能力培养为重点。学校里教师教的是专业，而用人单位员工干的是职业。专业要求的是专业知识和专业技能，职业要求的是职业态度和职业能力，这样就导致了学校与用人单位的事实上的不对接。因此需要一个中间组织——职业能力培养学校——来主要承担求职者职业能力培养的工作，将有学历并与用人单位签订了用人协议且明确了工作岗位的大中专毕业生等求职者送到该学校中进行职业能力培养，通过这种培养，能满足用人单位的岗位要求，形成一条学历学校培养专业知识和专业技能、职业能力培养学校培养职业能力、用人单位培养组织文化的人才培养价值链，各司其职，最终提高用人单位的满意度和求职者的成就感。因此，地方政府主导型职业能力培养学校应该尽快创立！

3.2 职业能力培养学校的地方政府主导性

国内有关研究从理论建构和实践探索等方面都取得了一定成果，但深度和广度还不够。为了使职业能力根植于地方经济社会的发展土壤，职业能力的培养将必然被纳入地方政府公权力的统一支配下，以行政层级为单位在县级以上政府设立职业能力培养学校，由人力资源和社会保障部门负责管理并组织运营。

地方政府主导型职业能力培养学校为什么必须由地方政府主导？

由于职业能力有很强的地方色彩，必须针对当地各行各业的用人单位的职业岗位群而设置职业能力培养内容，培养来自祖国各地各类各层次学校的拥有学历证书并与当地用人单位签订了用人协议且明确了工作岗位的大中专毕业生等求职者。尽管国家也要求学历学校设置专业要与其所在地的产业结构和行业实际相结合，但毕业生等求职者绝大多数是跨地域流动求职，因此应当由政府主导职业能力培养。培养师完全由当地各行各业的岗位职业能力最高水平者兼职担任，实行小批量、多批次的传帮带培养模式；它由当地人力资源和社会保障部门主管并组织实施。只有地方政府凭借自己的社会公共权力，全力投入并强力推动，才可能根本解决本行政区域内的各行各业的岗位职业能力的需求问题，才能使职业能力根植于地方土壤，推动当地经济社会的持续发展。

各级地方政府每年投入大量经费在职业能力培养上，如果再加上促进就业的各项费用，投入就更大了。可花了钱效果却并不明显。这说明现有的培养职业能力和提高就业水平的思路和方法有缺陷，现有的各类进行职业培训和就业培训的组织的存在合理性和运行模式需要进行根本性的反思。因此，各级地方政府应充分整合职业能力培养资源，用好用活财政资金，创立职业能力培养学校，使政府对职业能力培养的投入落地生根并产生真正的社会效益，从实施主体和运行机制上保证职业能力培养真正落地，以职业能力水平提升来促进就业水平持续增长。

3.3 职业能力培养学校的行政管理体系保障

实践已经证明并将继续证明，只有地方政府凭借自己的社会公共权力，全力投入并强力推动，才可能根本解决本行政区域内的各行各业的岗位职业能力的需求问题。

本研究所指的职业能力培养学校是由地方政府出资组建的具有社会公益性的提供公共产品的教育培养组织，它的组织性质必须是公立的，始终由政府职能部门主管，但可以依法定程序实行培养业务不同程度的标准化外包。因此，把它命名为地方政府主导型职业能力培养学校。由于职业能力有很强的地方色彩，它针对当地各行各业的所有用人单位的职业岗位群而设置职业能力培养内容，培养来自祖国各地各类各层次学校的拥有学历证书并与当地用人单位签订了用人协议且明确了工作岗位的大中专毕业生等求职者。职业能力培养学校只搞职业能力培养，不搞学历教育，培养合格后发给求职者职业资格证，以证明其职业能力水平；其培养师完全由当地各行各业的岗位职业能力最高水平者兼职担任，实行小批量、多批次的“传、帮、带”培养模式。它由当地人力资源和社会保障部门主管并组织实施。本书重点研究它的创建的意义与怎样创建以及建成后如何运营，会产生多大的经济和社会效益。其管理体制与运行机制也是研究的内在应有之义，不重点研究职业能力的培养内容和要素。

4 职业能力培养学校运营模式

4.1 职业能力培养学校的产权机制

为充分体现职业能力培养学校的政府主导性，政府以管资本为主，其股权结构原则上为国有资本独资，也可为国有资本控股，民间资本参股，形成混合所有制的股权结构模式。

4.2 职业能力培养学校的法人治理结构

科学设计地方政府主导型职业能力培养学校法人治理结构关系重大，因为法人治理结构对法人组织的运营模式的确定及其可持续发展起着根本性的作用。但长期以来学术界主要研究公司（企业）的法人治理结构，对非公司法人组织的治理结构关注极少，甚至对其法人资格都很少研究。随着我国全面深化改革战略的实施，规范高效、协调有序运营成为任何组织发展的基本要求，这就使得科学的法人治理结构成为所有组织运行的首要条件。地方政府主导型职业能力培养学校作为一个新型的法人系统，首先也必须设计并建设好自己的法人治理结构，才能在未来的运营中持续健康发展，解决全社会一直以来都存在的毕业生短时间难以适应工作岗位要求的老大难问题。这个问题严重影响了地方经济社会的正常发展，使我们必须从供给侧结构性改革的高度来认真反思我国大中专学校输送给社会的毕业生的职业能力状况：现有的学校体系及其职能目标能培养出适应地方工作岗位个性化职业能力需求的毕业生吗？

4.2.1 地方政府主导型职业能力培养学校的法人类型

我国《民法通则》将法人分为企业法人、机关法人、社会团体法人、事业单位法人。根据其组织性质及其功能，我们认为，地方政府主导型职业能力培养学校这一新型组织介于事业单位法人和企业法人之间，即事业单位的性质、企业化运作。其组织名称应叫作“××市职业能力培养学校”，或“××县职业能力培养学校”（因为产业设置通常是以市或县的资源实际来布局的，即真正的地方政府其实是市和县），但其组织结构与运营参照国有企业模式。因此，在正式运营前其法人治理结构建设尤为重要，正所谓“凡事预则立，不预则废”。

从法人治理结构模式方面，地方政府主导型职业能力培养学校遵从

“共同治理”模式，由各方利益主体按《地方政府主导型职业能力培养学校章程》约定的权利和义务共同治理，其建立遵循政府主导、用人单位主体、市场决定、社会监督的指导思想，原则上国有资本独资，也可以国有资本控股，民间资本参股，形成混合所有制的股权结构模式。根据国有企业十项改革措施实施意见，“管资本为主”将是国有资本投资的主要发展方式，可以向社会公开聘任经营管理者，实行职业经理人制。国家作为投资人按《中华人民共和国公司法》要求行使股东权力，法人组织则依市场规则由市场决定资源配置方式，在依法制定的行业标准下追求自我发展、自我实现。

4.2.2 地方政府主导型职业能力培养学校的法人治理结构模型及议事规则

在组织的发展战略统率下，组织结构反映组织的事业范围和业务单元，并影响人的行为，体现组织的部门化、职能化，使组织中人实现岗位定位并有归属感，各司其职，各尽其能，协调配合，良性运转，这就是科学的法人治理结构的表现。

4.2.2.1 地方政府主导型职业能力培养学校的法人治理结构模型

1）公司法人治理结构

按照《公司法》的规定，公司法人治理结构由四个部分组成。

a. 股东会或者股东大会。由公司股东组成，所体现的是所有者对公司的最终所有权，是公司的最高权力机构。

b. 董事会。董事会由公司股东大会选举产生，对公司的发展目标和重大经营活动做出决策，维护出资人的权益，是公司的决策机构。

c. 监事会。监事会是公司的监督机构，对公司的财务和董事、经营者的行为发挥监督作用。

d. 经理。经理由董事会聘任，是经营管理执行者，是公司的执行机构。

公司法人治理结构的四个组成部分，都是依法设置的，它们的产生和组成，行使的职权，行事的规则等，在《公司法》中有具体规定，所以说，公司法人治理结构是以法制为基础，按照公司本质属性的要求形成的。

参照公司的法人治理结构，结合地方政府主导型职业能力培养学校的特性及其职能目标要求，其法人治理结构模型可设计为图 4-1。

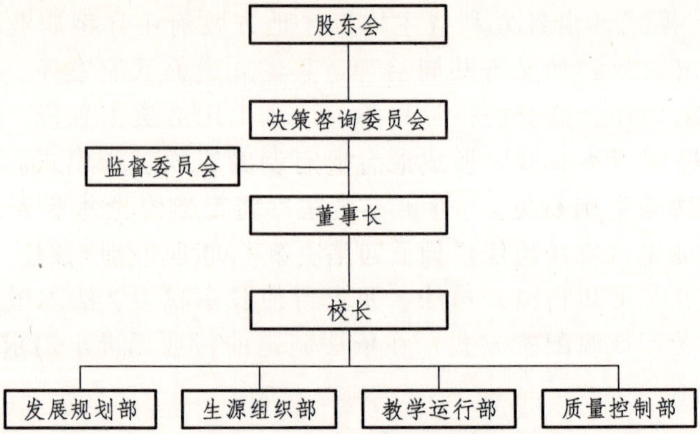

图 4-1 法人治理结构模型

2）地方政府主导型职业能力培养学校治理结构

a. 股东会。股东会由学校股东组成，所体现的是所有者对学校的最终所有权，是学校的最高权力机构。

b. 决策咨询委员会。决策咨询委员会是学校的经营决策机构，由股东会选举产生，对学校的发展目标和重大经营活动做出决策，维护出资人的权益。

c. 监督委员会。是学校的监督机构，对学校的财务和董事、经营者的行为发挥监督作用。

d. 校长是学校管理的执行者，由决策咨询委员会聘任，负责执行经营管理决策。

e. 职能部门是学校各项核心业务的具体执行者，我们设置了四大主营业务部门，其他必要的具有组织共性的支持和服务部门根据情况设置（虚线延伸）。

4.2.2.2 地方政府主导型职业能力培养学校的议事规则

在我国，国有组织或公立单位建立科学的法人治理结构，是当前政府面临的重大任务和难题之一。由于法人治理结构的缺失，在国有资本管理过程中，出资人经常会面临审批权和政企（事）分开的困惑。解决这个问题的唯一办法是对现有的国有组织或公立单位法人治理结构的基础进行重构。根据这个思路，结合组织的性状，地方政府主导型职业能力培养学校的议事规则可以表述为：

a. 对出资人来说，按《章程》规定，认认真真地从股东或股东会角度履行职责，并依法产生决策咨询委员会。

b. 对于决策咨询委员会，应当科学设计，以民主咨询为原则，以科学决策为标准。一是人员结构上，要让决策咨询委员会中的外部董事（如业界专家和岗位能手）增加到 1/2 以上，这样可以确保决策咨询委员会决策上体现出资人的意志和社会意愿；二是赋予决策咨询委员会一些真正的、应有的职权，诸如选择校长的权力、考核校长的权力、对校长奖励和薪酬制定的决策权、其他应由决策咨询委员会决策的重大事项等，还决策咨询委员会应有的权力；三是决策咨询委员会按照相应的程序履行学校的决策权，并视学校的大小情况来确定内部的组织机构；四是决策咨询委员会应该建立相关制度，如会议制度、重大事项决策制度、授权决策制度以及对决策咨询委员会成员的选择、考核、奖评制度等。

c. 对于校长，一是应该赋予校长相应的执行权力。校长只对决策咨询委员会负责，无论决策咨询委员会的决策是对的还是错的，校长都应该无条件服从；二是赋予校长选择副手的权力即组阁权，以保证行政系统的畅通无阻和学校的高效运转。

d. 对监督委员会，按照建立职业能力培养学校法人治理结构的要求，地方政府主导型职业能力培养学校应该建立监督委员会。按照国务院国资委的办法，现在监事会应该以外派为主，今后监事会将全部实现外派。从监事会和董事会、外部监事和外部董事的作用区分上来看，监事会、监事更多的是管企业的合规性，即监督程序是否合规、账务是否合规，即从它的合规性上进行监督；而董事会、董事长参与决策，更多的是从合理性即决策上有无依据进行监督。在决策合理性上，董事会要负全责。地方政府主导型职业能力培养学校的监督委员会可以参照这种运行模式，其成员以政府主管部门外派和社会聘任为主，同时引入第三方机构。

4.3　职业能力培养学校的运营方法

现在已经进入系统化管理时代，地方政府主导型职业能力培养学校必须系统化运营。为了实现地方政府主导型职业能力培养学校持续高效运行，我们用四个系统化管理方法分析研究其运营体系，即按照“原理→内容→行动→结果”的逻辑体系，形成闭环型系统化解决问题的思路，以保证其良好的运营效益。

4.3.1　地方政府主导型职业能力培养学校管理职能活动系统化管理方法应用（原理）

根据管理学基本原理，管理职能是指从管理过程中独立出来的某些管理劳动，各个具体管理职能都是在管理劳动专业化的过程中逐渐分离出来的，是管理劳动专业化分工的结果。也就是说管理职能是管理的功能或作用。管理职能活动过程主要包括计划、决策、组织、领导、控制、激励和创新等七大过程。其中计划、组织、领导和控制四种是基本的职能活动过程，其他的都是在这四种基础上派生出来的。如图 4-2。

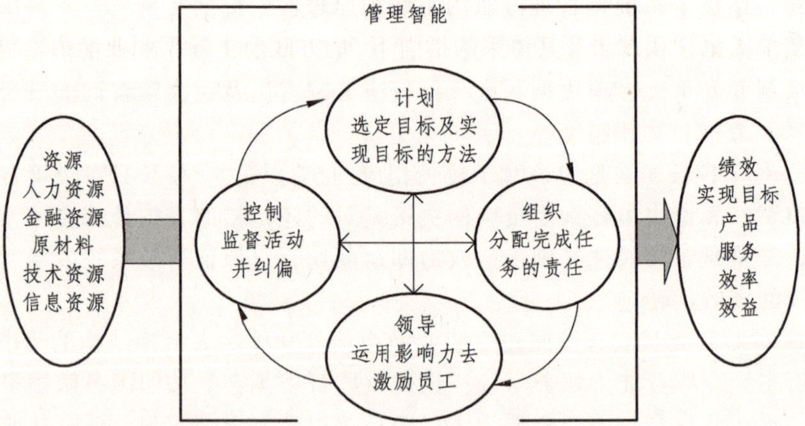

图 4-2　计划、组织、领导、控制流程及作用

计划职能是指为达到决策职能制定的目标，而预先指定的行动部署安排；决策职能指的是组织或个人为了实现某种目标而对未来一定时期内有关活动的方向、内容及方式的选择或调查过程。即是说管理者认知问题并予以解决的管理过程；组织职能指的是通过科学合理的资源配置，从而达到组织指定的目标，“组织”活动的目的就是为了执行“计划”；领导职能指的是管理者通过指挥、引导和鼓励职工为实现组织愿景而前进的过程；控制职能是指对个体或组织绩效进行的度量及修正，以保证组织的发展方向能符合原来设定的目标。控制会促进计划的实现；激励职能是指一切内心要争取的条件，其中包括希望、愿景、权利等，它是人类社会活动的一种心理状态。组织管理者在日常管理过程中，通过升职预期、薪酬奖励、精神激励等方式引导组织员工以一种预期行为工作，从而实现组织经营管理目标的过程；创新职能指的是一种原则以及在这种原则指导下的具体活动，是一种思想以及在这种思想指导下的实践。

管理者在进行日常管理过程中，计划、决策、组织、领导和控制五项管理职能活动具有固定顺序，即计划→决策→组织→领导→控制，管理者进行的管理行为需要遵照这样的顺序进行。管理从计划开始的，以控制为落脚点，而激励和创新两大职能贯穿五大职能，其他管理职能活动都需要激励和创新这两大职能辅助，才能实现管理过程的循环。只有将激励融于五大职能活动中，管理者和被管理者才能提升心理能量，被管理者才会主动追随管理者，管理者才能轻松自如而不断出成绩。各种职能活动都不断创新，才能让管理工作可持续发展，管理者才能与时俱进，不断提高而不被淘汰。任何管理行为都是这些职能活动的完整融合并有效运用的过程，只有各级管理者的各种管理活动都体现出这七大职能活动的整合，才算做到了管理职能活动的系统化应用，抓住了系统化管理方法的主线和原理。

在系统化管理方法及其体系的指引下，地方政府主导型职业能力培养学校按照管理原理的几大职能活动的含义以及它们的活动过程的完整性功能来进行运营。在计划职能应用上，结合学校实际，采取制定中长期规划来明确近期目标以及长远发展思路，并于每年1月召开年度职工大会，明确年度目标计划并指标化，制定年度任务时间推进表，确定行动安排。在决策职能应用上，始终坚持重大事项民主决策、日常事务民主管理制度。在组织职能上，建立健全学校内部组织结构体系，着重就学校内部的职能结构是否合理、信息渠道是否畅通、管理权限是否交叉等问题进行研究，并于每年年底向决策咨询委员会提出改革意见。在领导职能上，着重培养训练各级管理者，于每周定期开展“星期一”夜校活动，就管理学原理、经济学基础等理论进行培训，要求各级管理者深刻领会，并结合工作编写实际心得。在控制职能应用上，学校牢固树立“控制时间、控制质量、控制安全”理念，建立督查室，按《每月发展规划进度表》的各项指标对业务部门进行督查，重点对各部门的核心业务流程进行检查，并明确奖惩措施。在激励职能应用上，通过制定公平合理的激励制度，建立科学合理的奖惩制度，加强员工思想教育等举措，调动员工工作积极性，营造爱岗敬业、乐于奉献、团结协作的学校文化。在创新职能应用上，大力提倡技术创新、管理创新，设置创新奖励基金，鼓励员工善于运用创新思维解决工作中的难题，极力营造“敢闯敢试、崇尚竞争、宽容失败”的工作氛围。

4.3.2 地方政府主导型职业能力培养学校内部结构系统化管理方法应用（内容）

研究表明，学校的管理结构可以概括为六大管理硬系统和五大软系统，六大管理硬系统就好比学校的硬件，它们合起来成为一个整体的管理模型。这六个管理系统是：发展战略规划系统、规范化管理系统、人力资源管理系统、营销管理系统、资本运营财务系统、培育运作管理系统。这六个硬系统之间互相关联，互相支持，缺一不可，而且每一个硬系统里又包含若干子系统。

五个软系统为：有效沟通系统、有效授权系统、信息管理系统、问题的分析与决策系统、学校文化和团队建设系统。它们好比学校的软件，相互作用，共同驱动硬件良性运转。

在内部结构系统化管理方法应用进程中，学校着重加强六大管理硬系统和五大软系统相互配合、有机融合，共同支配学校的良性运行和健康发展。地方政府主导型职业能力培养学校的管理系统就像人的整体结构一样：发展战略规划系统是学校的大脑；规范化管理系统好比前进的两条腿，是学校的必要保障；人力资源管理系统好比学校的神经；营销管理系统好比两只手，需要时刻抓牢培养对象和用人单位；资本运营财务系统好比学校生存、成长的血液，是其发展的根基；培育运作管理系统就是学校的肠胃。如果一个人大脑萎缩，两条腿麻痹，浑身神经衰弱，两只手得了佝偻病，身体极度贫血，还消化不良，这样的人就不能健康生存。学校也是一样，必须健全管理系统的所有“肢体”和“器官”，而最重要的就是要保证学校的“大脑”——发展战略规划系统的正常运转。为此，地方政府主导型职业能力培养学校在加强六大管理硬系统建设中，应坚持把发展战略规划，作为学校管理系统的核心与关键，强化学校发展战略规划引领学校发展，坚持树立持续创新经营理念，倡导培养质量第一的运营思路。

4.3.3 地方政府主导型职业能力培养学校决策执行层次系统化方法应用（行动）

通过观察和思考，地方政府主导型职业能力培养学校决策执行运作系统体现为图 4-3 所示。

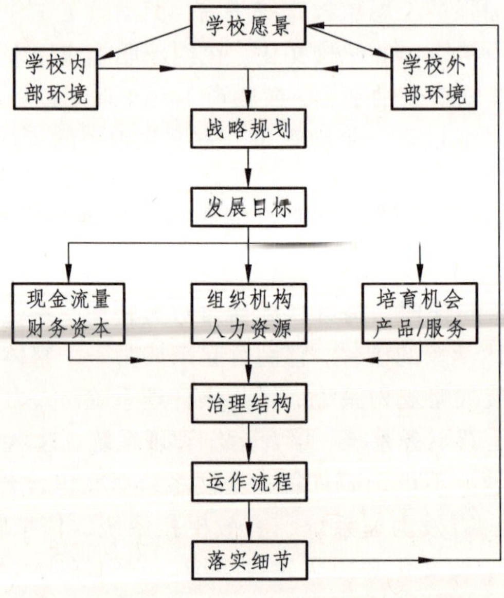

图 4-3 职业能力培养学校执行运作系统

通过分析，我们不难发现决策执行运作系统遵循如下逻辑：学校要实现自己的目标，就必须有良好的愿景。要实现愿景，就必须知己知彼，洞察学校的内外部环境，做出切实可行的战略规划，确定正确发展方向和运营目标。要实现运营目标，就必须有现金流量、财务资本，有组织机构、人力资源和培育机会、产品/服务三大支撑。但要使三大支撑良好地服务于运营目标，就必须有良好的学校治理结构，即学校必须有良好的素质。苦练内功，强化素质，稳健运作各种业务流程及其工作流程，在流程的运作中关注细节，落实细节。通过以上的运营步骤，循环往复，螺旋式上升，良好的学校决策执行系统就建立起来了，学校的愿望就实现了，学校的发展前景就会越来越远大。

笔者通过对高等职业院校、社会性职业培训学校和企业的走访调查，通过对员工发放调查问卷，分析认为，为使决策执行层次系统化方法得到良好应用和全面落地，地方政府主导型职业能力培养学校应着力构建自己的决策执行系统，用系统化的机制和行动使系统化的管理方法得到落实，从而建立起适合自己的系统化高效运行的法人治理结构。在构建学校愿景进程中，地方政府主导型职业能力培养学校要编制五年规划和远景规划，确立发展目标、总体战略、实施方案，结合外部以及内部环境，为决策执行系统构建做出切实可行的战略规划；为实现学校经营目标，学校应构建一整套科学、规范的投融资决策体系，从而保障学校现金流量充足与财务高效运转；强化人力资源与组织保障，始终坚持人尽其才、才尽其用原则，制定学校人力资源规划，对人才梯队建设、培养任用方式、人才培训计划做出详尽安排，同时健全并不断优化组织机构，以保证学校高效运行；全面调查用人单位各类岗位职业能力需求情况，系统分析毕业生的职业能力状况，有针对性地推出职业能力培养课程体系及其实施方案，用“责任流程”将其执行落地，保证培养质量，实现学校的存在价值和运营目标。

4.3.4　地方政府主导型职业能力培养学校目标过程管理系统化管理方法应用（结果）

4.3.4.1　目标管理、绩效管理和薪酬管理的系统方法

a. 这三者是一个统一体，必须一体化同步做完才能有好效果，绝不能只考虑其一或其二，如果一说绩效管理就只做绩效管理，结果必然是失败。

b. 这三者之所以是一个统一体，是因为它们实现了人力资源管理系统的“目标—考核—激励”的统一，完全符合人性。

4.3.4.2 工作目标、工作任务和工作计划的系统方法

a. 工作目标、工作任务、工作计划这三者也是一个统一体，学校中的人做工作必须同时按此排序一体化地做完才能有好的工作效果，绝不能只考虑其一或其二，更不能目标、任务不分。

b. 工作目标、工作任务和工作计划作为一个统一体，促进学校管理者的管理行为从“任务型”转变为“目标型”，目标过程管理落地才能促进学校管理效益显著提高。

在系统化管理方法及其体系的指引下，地方政府主导型职业能力培养学校从管理者到一般员工要搞好工作，多出业绩，提高效率，提升效益，就必须清晰知道学校的事业方向和员工的工作目标并受到正确的评价和良好的激励。通过实践探索，地方政府主导型职业能力培养学校找到了站在学校层面实现事业可持续发展和站在员工层面实现工作的高效开展的两大目标过程系统化管理方法。通过探索和总结，发现要做到目标过程管理系统化，使学校员工工作具有执行力并落地细节，必须经历如下从 A 到 F 的程序：

A. 工作目标（实现目标） B. 工作任务（完成任务）

C. 工作计划（执行计划） D. 工作步骤（落实步骤）

E. 工作流程（固定流程） F. 工作细节（注重细节）

通过分析上述程序，地方政府主导型职业能力培养学校找到了细节决定成败的理论依据和逻辑证据，并将责任融进工作流程，即“责任流程”的构建；同时将细节写进工作流程，在日常管理中，建立一整套保证流程落地的管理制度，即“制度管人、流程管事”。这样就构建起责任流程，明确了责任分工、操作规范、制度要求等，并在实践中不断深化和完善，最终形成一套符合学校特点、科学合理、完整规范的目标过程管理体系。同时，在目标过程管理体系中加入各项工作细节，使学校员工在工作中能有章可循。

4.4 职业能力培养学校的运营效果评估

对职业能力培养学校的运营状况进行定期评估，能够进一步加强地方政府对其教学和管理工作的指导与考核，并且公开透明接受社会各界的监督。

在真正理解职业能力的本质内涵的基础上，使其按照教育规律并结合职业能力培养学校的特性进一步明确办学指导思想、强化学校管理体系建设，从而改善办学条件，加强教学基本建设，强化教学管理，深化教学改革，全面提高教学质量和办学效果。

评估方案要努力体现国家关于职业能力培养的方针政策和职业能力培养学校的教学、管理工作以及职业能力培养的地域性要求，引导各职业能力培养学校办出地方特色。

在评估指标方面，分学校、教师和学生三个层次设计指标体系和评价标准，通过三个层次指标体系的综合评估来评价职业能力培养学校的运营水平并进行结果应用。学校层面主要设计管理水平、服务水平和职业能力定位准确度三大一级指标；教师层面主要设计专业职业能力水平、教学能力和师德修养三大一级指标；学生层面主要考核学习态度、学习内容和学习效果三大一级指标。根据考核评估的具体情况，一级指标下可设计二级、三级指标，各指标的评价标准参照国家行业标准并结合地方实际确定。评估实行打分制，学校、教师、学生分别打分，综合评定。对每个指标设定分数，总分 100 分。评估结论分优秀（90 分以上）、良好（80 ~ 89 分）、合格（70 ~ 79 分）、不合格（70 分以下）四种。

5　结　论

通过规范研究，我们认为在县级及以上区域创立并运营地方政府主导型职业能力培养学校是完全具备理论准备和实践基础的，并且可以利用科学的效果评估方法来保证其良好运营。该研究成果公开后，或许能对我国整个人才培养全过程带来理念的革命和人才培养价值链的重新整合，在全社会形成一条学历学校培养专业知识和专业技能、职业能力培养学校培养职业能力、用人单位培养组织文化的人才培养价值链，以解决人中专学校、用人单位及毕业生的困惑，实现毕业生安居乐业。该研究成果能促使政府为职业能力培养而投入的经费产生其应有的经济和社会效益，降低政府公共资源的机会成本，遏制政府公共资源配置过程中的机会主义行为，使其有为且更能为。地方政府会重新思考职业能力培养的组织形式和运营模式，加快规范现有的各种职业培训学校并引导其关、停、并、转，使其在人才培养过程中角色定位清晰明了。更重要的是，用人单位的员工职业能力将得到准确而有针对性的培养，工作能力大大增强，成就感大大提升，所有员工形成合力，推动本单位的快速发展，进而推进地方经济的可持续发展，为科学发展和谐社会建设做贡献，更为全面建成小康社会、实现伟大复兴的中国梦提供最合适的人才。因此，该研究成果具有巨大的社会实用价值和实践指导意义。

下篇　实证研究

本篇为四川某县公共培训中心对该县县域经济用工情况及培训需求的调研。

1 某县公共培训中心的创立与运营

1.1 某县公共培训中心的创立

某县公共培训中心是将某县境内 7 所中等职业技术学校、县政府有关部门及相关单位的各项优势培训资源加以整合，以某县职业中学为实施主体的统筹全县所有非学历教育培训资源的培训组织，是该区域范围内培养员工职业能力的实施主体。当前，某县公共培训中心的师资储备共 446 人。

某县公共培训中心由某县委县政府牵头筹建，依托四川省某县职业中学的培训优势，由四川省某县职业中学全面实施建设与运营。某县职业中学经广安市教育局批准、省教厅备案，开设加工制造、交通运输、信息技术、教育、财经商贸、社会公共事务等六大类 16 个专业，其中机械加工技术是省级重点专业，汽车应用与维修、电子技术应用、计算机应用、会计等专业是市级重点专业。经四川省人力资源和社会保障厅批准设立有“四川省 × 县职业中学国家职业技能鉴定站”，能进行车工、铣工、组合机床操作工、数控车工、数控铣工、计算机维修工、计算机操作员、电子设备装接工、汽车维修工、汽车钣金工、汽车涂漆工等数十个工种的初级、中级鉴定。以上这些能够为某县公共培训中心在建设及运营管理过程中提供可靠的技术技能保障。学校领导班子健全、办学理念先进、师资力量雄厚、设施设备齐全、就业工作成效显著。

某县职中的师资结构及教学能力代表了某县职业培训的高水准，现有教职员工 167 人。教职员工中文化基础课教师和专业教师 135 人，其中高级教师 44 人，中级教师 60 人，初级教师 31 人，“双师型”教师 68 人，其中中级工 22 人，高级工 37 人，技师 9 人。以某县职中师资结构为例，具有典型性和代表性。见表 1-1。

表 1-1 某县职中教师职称和职业技能等级统计表

专业	人数	教师职称			职业技能等级		
		初级	中级	高级	中级工	高级工	技师
文化基础课	56	10	31	25	\	\	\
机械加工	17	6	8	5	6	8	3
汽修	12	4	5	3	3	6	3

续表

专业	人数	教师职称			职业技能等级		
		初级	中级	高级	中级工	高级工	技师
电子电工	11	3	5	3	4	6	1
计算机	20	6	7	6	2	16	2
财经	8	2	4	2	7	1	\

1.2　某县公共培训中心的运营

某县公共培训中心承载着当地劳动力短期培训、非学历培训以及在岗职工职业发展培训的重任。公共培训中心是开展该县及周边市、县主要劳动力群体职业培训的实施主体，结合该县县域经济产业结构与用工情况，必须优化公共培训中心组织结构、提升运营管理水平、提高教师素质、开发与修订培训教材、扩充培训实训场所、充实培训设施设备等，为提高培训质量、提升培训综合效益提供保证。见表 1-2。

表 1-2　某县公共培训中心运营模式简表

某县公共培训中心的运营思路	具体措施
组织结构建设是基础	以某县职业中学为主体，整合县内资源
	公共培训中心内部结构：中心主任、综合办公室、教学教务部、招生办公室、财务部
管理层建设是保障	加强管理知识学习，提升管理素养
	增强管理实践交流，学习管理经验
师资建设是关键	开展教学理论培训，改进教学方法
	加强技术操作实践，提升专业技能
	优化师资结构，发挥教师主导作用
	加强教师内部激励，提升教学质量
实施培训建议	完善培训课程教材，提高培训效益
	开设特色培训项目设计，保障项目实施
	更新充实设施设备，提高培训质量

1.2.1 某县公共培训中心组织建设是基础

在县委县政府的直接领导下，打造集县职教中心、成教中心、社区学校、职业学校、公共培训中心五位一体的某县公共培训中心，以某县职业中学为实施主体，整合该县内职业教育与培训的专业力量，使该县职业培训成为有机整体。用系统论的观点看待该县公共培训中心，要使公共培训中心良好运转，需要保证其内部各组成要素结构合理、运行有序，同时也要协调好公共培训中心和该县其他相关部门的关系。

1.2.1.1 以某县职业中学为主体，整合县内资源

就某县公共培训中心内部而言，共有七所中等职业技术学校，其中，四川省某县职业中学是广安市唯一的一所国家级重点职业学校，是四川省劳务培训基地，四川省再就业培训基地，广安市农村劳动力转移培训定点机构，经四川省人力资源和社会保障厅批准设立“四川省某县职业中学国家职业技能鉴定站”。该校地处县城中心，毗邻县经济开发区，交通方便。该校师资力量雄厚，技术经验丰富，具有近三十年的办学历史，已培养近 20 000 名合格建设者和接班人。多年的中职学历教育和职业技能培训工作奠定了该校在广安市的龙头地位。某县职业中学在承担某县公共培训中心的培训事业方面，具有师资优势、物质条件优势、办学经验优势等多重优势，应该成为某县公共培训中心的实施主体，执行培训中心内部的计划、组织、领导、控制、创新等多项职能，落地各项培训任务，以优质的培训成果推进某县域经济持续健康发展。

从某县公共培训中心的外部关系来看，某县劳动和社会保障局、教育局等各部门的业务范围与公共培训中心重叠，过去较长一段时间，公共培训中心面临多头领导的局面，致使公共培训中心工作程序烦琐、政出多门，不利于其管理与发展。因此，要明确某县公共培训中心在某县培训事业的主体地位，应作为某县委、县政府直接领导下的业务实体单位，与其他各局保持平等的行政地位，这样才能统筹整合本地的所有非学历培训资源，提高行业政策支持与财政资金应用的配置效率，产生良好的社会效应。

1.2.1.2 公共培训中心内部结构的优化

某县公共培训中心作为教育类培训机构，受我国社会主义市场经济的影响，应该朝法人化方向发展，中心主任是公共培训中心的法人代表，要坚持科学的法人治理结构。为高效整合全县培训资源并实施培训，在中心主任之上设领导小组。领导小组是公共培训中心的决策机构，组长由县委主要领导兼任，最好由县长担任；成员由中心主任和相关部门一把手担任，建立相应的议事规则。在组织的发展战略统率下，组织结构反映组织的事业范围和业

务单元，并影响人的行为，体现组织的部门化、职能化，使组织中人实现岗位定位并有归属感，各司其职，各尽其能，协调配合，良性运转，这就是科学的法人治理结构的表现。某县公共培训中心的主要组成部分包括两块：一部分是教学部门，这是培训中心的主要组成部分，承担培训任务、实施培训课程；另一部分为行政管理部门，主要是管理学校内部的公共事务，并为教学事业服务。机构设计以层级化为主，保证领导的统一性与管理的有效性。

中心主任下设四个主要的机构，负责公共培训中心的整体运营。

1）综合办公室

负责中心日常行政及后勤服务管理。具体职务包括：参与财务综合服务；调查研究、提供咨询；督促检查、催办落实；统筹协调，组织实施。

2）教学教务部

负责提倡教学及培训工作的组织管理及学院档案管理。具体职责为：提出设置、调整教务计划，组织制（修）订教材、课程设计、培训课程主讲教师管理；组织制订、实施教学规划；管理学员结业证书等。

3）招生办公室

负责与县内、周边县市、国内其他合作单位进行教育培训方面的合作洽谈。负责培训信息的搜集、整理，制订培训方案，调研培训项目的最新变化、开拓培训业务等。

4）财务部

负责统一管理培训中心的各项财务工作，行使培训中心赋予的财务管理职能。遵守国家颁布的会计法，执行培训中心赋予的财务管理规定及政策，规范培训中心的财务行为，编制、实施中心的财务预算；集中管理培训中心的各项财务开支，合理调度和科学运作资金，提高资金的使用效益；配合有关部门加强对中心的资产管理；定期汇报中心的财务预算执行情况，开展财务分析，提供及时、准确的财务信息。见图 1-3。

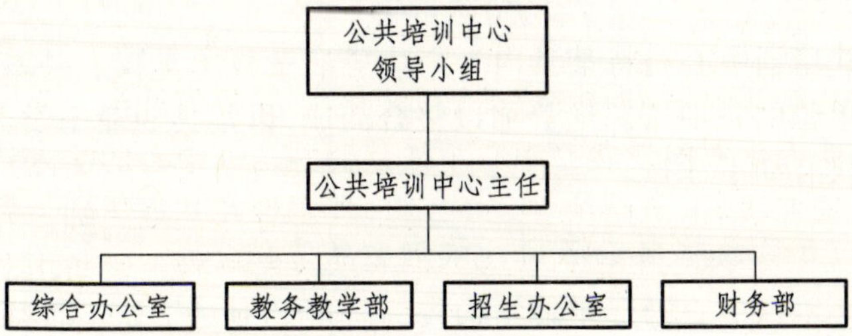

图 1-3　公共培训中心组织机构简图

由于公共培训中心的实施主体是某县职业中学，因此，公共培训中心各部门的领导、教师及工作人员等主要来自某县职业中学。为了保证公共培训中心的良好运作，需要配备专门的管理人员岗位和教师岗位，明确编制与待遇。同时，还需规定外聘专家的类别、人数、待遇与工作方式。

1.2.2 某县公共培训中心管理层建设是保障

公共培训中心的管理人员不同于公司里的管理人员，他们既是行业专家，也拥有领导的能力、管理的权力保障。西方学校中多角色的管理人员是学校的核心。公共培训中心管理层的思想影响着某县公共培训中心的发展方面，其素质决定着公共培训中心的教育质量。当前，某县公共培训中心管理层中存在培训理念陈旧、缺乏新思路等现象。因此，管理层的建设迫在眉睫，主要目的在于提升管理理念、掌握管理方法、收获管理成果。

1.2.2.1 加强管理知识学习，提升管理素养

管理学既是一门科学也是一门艺术。作为一门成熟的科学，管理学囊括了系统论、心理学等学科的科学知识。加强对公共培训中心管理层人员的培训，是要加强其管理科学知识的积累，从而帮助其在管理工作中从凭经验管理走向科学管理，提高管理效率。

1.2.2.2 增强管理实践交流，学习管理经验

可组织某县公共培训中心的管理层人员赴亚洲调研，赴欧美等发达国家调研，考察国外职业培训的内容、方法和管理，为建设现代化技能培训机构提供先进理念保障；对国内相关技能培训机构进行全方位考察，考察内容包括培训内容、师资情况和管理情况，为培训中心可持续发展提供可借鉴经验。

1.2.3 某县公共培训中心师资建设是关键

某县公共培训中心是将某县内 7 所中等职业技术学校、县政府有关部门及县内相关单位的各项资源优势加以整合而成,以某县职业中学为实施主体。师资建设建议有如下 5 点。

1.2.3.1 开展教学理论培训，改进教学方法

某县公共培训中心师资年龄结构较为合理。但对于处于教师群体一头一尾的新、老教师而言，现阶段还存在一些问题：老教师有经验但对新设备的

性能和操控掌握不够，新教师理论不够全面且缺乏培训经验和好的培训手段。教学方法陈旧，存在教师为中心现象。

开展师资培训，要着力解决教师的职后培训与发展，针对不同类型的教师，开展有区别的培训计划。要对新引进教师进行学历教育，派送到大学进修业务，尽快掌握教案制作、授课技能等教学方法，提高新教师执教能力；安排骨干教师参与各种技能实践活动，增加教师实操经验和知识；聘请一批国内外专家，定期或不定期来中心开展讲座和培训，如课程教材开发和相关专业技能等，传授培训经验以提升教学质量。

1.2.3.2 加强技术操作实践，提升专业技能

某县公共培训教师承担着培训全县主要劳动力的重要任务，其教育理论修养指导着他们的教育教学工作，不懂教学方法、不懂学生心理的培训老师只是“教书匠”，即使有丰厚的知识储备，也难以转化为学生深造、发展的知识粮食。同时，作为短期职业技能培训的老师，仅有相关专业的理论知识也是不行的，要在理论的指导下加以实践，拥有过硬的实践技术技能，这样才能有效地指导学生的职业培训。

加强教师的技术操作实践，可实行教师轮岗制度，在与公共培训中心合作的企业单位中，利用寒暑假时间，教师深入企业一线，轮岗工作，懂得具体技术的操作、运行，在机械加工、汽车维修、电子电工、财会专业、计算机操作等具体的行业、工作结构中，熟悉工作环境，掌握工作发展动态，接触一线工作内容，才能在职业培训过程中言之有物，切实让学生学有所获，最终使参加职业培训的学生学有所得、学有所用。

1.2.3.3 优化师资结构，发挥教师主导作用

教师是某县公共培训中心的核心，教师的素质和能力构成很大程度上决定了某县公共培训中心的培训质量。通过对某县公办职业中学、民办职业中学的抽样调查，结果显示该群体中公民办教师间存在一定差异。如公办职业学校老师绝大多数已婚、学历层次为大学本科，民办职业学校老师大多数未婚、学历层次为大专。因此，第一，培训教师的来源应该是公办、民办教师中的精英群体，他们既有理论知识的储备，同时也是专业实践方面的优秀人才；第二，公共培训中心师资的规模，要满足某县内九大类人群的培训需求，某县每年有 2 000 人左右的培训人次，公共培训中心的师资规模应达到 230 人左右；第三，性别结构上来说，男性老师应该略多于女性老师，因为男性教师在机械、汽修、电子电工类等专业培训中具有天然

优势；第四，从年龄结构上来说，老、中、青教师群体应合理分布，注重新教师的引入与培训，更要发挥老教师的教学经验优势；第五，学历结构上，大学及其以上的高学历是某县公共培训中心师资配备的大趋势，除此之外还可以对社会上有专业技能特长的表现突出者加以聘用，发挥不同人才的优势。

1.2.3.4 加强教师内部激励，提升教学质量

建立并运行科学的“选、用、育、留”人才机制和工作环境，突破公立单位的绩效评价局限，引入市场化竞争机制，制定培训效果的评价要素和质量标准，全社会公开竞聘晋升教师岗位，“效果至上，成果为王”。

1.2.4 某县公共培训中心培训效果改善是目标

1.2.4.1 完善培训课程教材，丰富培训内涵

通过对某县公共培训中心的调研发现，培训中心的课程和教材使用年限较长，且偏重于理论知识的讲授，教材内容上与行业发展现实脱节，没有涉及行业的最新发展动态，因此，需要对其现阶段所使用的培训教材做调整和改进。

a. 借鉴其他技能培训机构优点，建设适合学校特点的技能培养体系，开发计算机、电子、机械、汽修和财经贸易等专业的技能培训课程教材。培训教材要以实用性为导向，介绍最为基本的、核心的理论知识。教材要具备可操作性，对于技术型教材要以图片为主，展示劳动工具、分解劳动步骤；对于一般技能型的培训教材，应该以案例呈现与分析为主，使受训者通过典型案例的学习，从中归纳出工作的一般性原理。

b. 进一步完善教学、实践图文资料，建立完善教学资料库，如现场照片、视频、教学电子课件等等，尤其是视频资料的完善，对于受训者课后巩固甚至自学都有重要的意义。

1.2.4.2 开设特色培训项目，增强培训时效

随着科技的不断进步，新的设备和技术也不断更新换代，培训中心需要开发一些新的培训项目以促进技能培训的发展。现阶段，某县公共培训中心的培训项目以短期就业培训为主，实际上，构成某县经济运行的九大类主要劳动力存在多元化的培训需求，现阶段五大类的主要培训项目显然满足不了既有县域经济中三大产业以及其中的主要劳动力的需要，对培训项目的更新具有现实必要性。

1）开设物流专业

某县城镇化建设、新型工业化转型步伐加快，某县内第二、第三产业进一步发展，企业规模的限制使其没有办法设立专门的物流部门。而未就业的青少年毕业生、转移劳动力、失地农民中的部分均有接受物流专业培训的意愿。因此，公共培训中心可以完善专业设置，引入物流及其管理相关专业。

2）开展创新创业培训

国家近年来不断号召不同群体开展“创新创业”活动，实际上，九类人群中的失地农民、企业下岗员工普遍有创业意愿，这种创业意愿孵化为具体的创业项目需要有专业的政策解读、前沿研判、基本的经营管理能力、创业项目的获取。公共培训中心可以结合本部分的需求，开设相应的创业培训课程。

3）基本职业素养的培训

合格的员工不仅需要技术合格，还应具备基本的职业素养。培训应适当进行文化补习、方言教学，法律法规、职业道德、安全常识宣传教育等。

4）开设涉农专业

主要是加强农业技能和农业管理方面的培训。根据某县当地农业优势特色产业发展需要，使农业从业人员的科技文化素质和务农本领明显提高，培养一大批有文化、懂技术、会经营的新型农民。

5）旅游相关培训

强化现代生态休闲农业旅游方面的操作技能和经营管理方面的培训。整合相关人力物力，积极提升原有的生产品种区域、产业业态、原生态景观等，使各元素相互促进，繁荣当地旅游业。

6）养老护理、家政服务、幼儿园保育员的相关培训

了解清洁卫生、睡眠照料、饮食照料三方面工作内容的知识方法和技巧，掌握并熟悉操作步骤等。

1.2.4.3　更新充实设施设备，提高培训质量

公共培训中心现有设施设备普遍陈旧，跟不上技能培训所要求的设备更新，影响培训效果。因此，需要对公共培训中心的设施设备进行及时的更新换代及充实完备。

需要结合培训中心的课程开设，进行设备的更新与改进，包括：维修通用加工设备、机修车间维修养护设备、汽车空调维修设备、汽车油漆设备、钣金车间设备、清洗美容产品系列汽修设备、财经商贸设备、物流设施设备、机电设备等各类培训所需设施设备。

2 某县公共培训中心实施调研的总体思路

2.1 调研的意义

“某县域经济、用工情况及培训需求调研”是隶属于利用世行贷款川渝合作（广安）示范区基础设施建设项目的一个子项目，其目的是通过调查某县企业在岗员工和待业人群的职业培训需求，为某县公共培训中心开展相关培训提供参考信息，以便准确把握本县当前和将来的培训需求，提升培训的针对性和培训实施效果，使劳动力更好地适应区域经济的发展。

以行政层级为单位，在县级以上政府设立培养职业能力的公共培训中心，由政府主要领导任公共培训中心主任，将当地所有非学历教育职业培训全部纳入，由公共培训中心统筹实施。因此，培训需求调研及准确分析把握将成为公共培训中心良好实施培训工作的重要一环，意义非凡。

2.1.1 提高人们对培训需求调研迫切性的认识

如今，用人单位普遍反映大多数初高中毕业生对自己没有准确的定位和清楚的职业规划，导致频繁跳槽。许多企业在萧条态势下不得不采取裁员措施，但企业经济一旦回暖，企业用工荒会让不少企业发展陷入僵局。而对于其他一些诸如转移劳动力、企业下岗员工或者转业复员军人等有就业需求的人来说，只有对他们进行培训需求的调研，才能培养适应职业需求的人，与区域经济社会的发展相互契合，企业才有可能避免“裁员热”与“用工荒”。而对于企业在岗员工，很多单位认为他们的岗位胜任能力不够，工作效率低下，一些拥有职业资格证的毕业生也名不符实，远远达不到岗位的职业能力要求。更糟糕的是，大多数用人单位在没有调研培训需求的基础上盲目对员工进行培训，不但没有达到培训应有的效果，更是人力物力财力的多重浪费！因此，对培训目标群体的培训需求调研，是社会迫切需要解决的重大课题。

2.1.2 打破现有公共培训中心培训的局限性

事实上，现有各类各层次公共培训中心，都较为注重基本的职业素质和理论知识的储备，忽略了一些实际操作中的专业技能与经验，难以按照个人需求的职业能力进行培训。比如学校里的教师工作重点是传授专业知识，而用人单位员工看重的是职场知识技能。教学专业要求专业知识和专业技能，职业要求的是职业态度和职业能力，这样就导致了学校与用人单位的受训者在接受培训时的差异。尽管在公共培训中心的努力之下，大量学校特别是职业学院和企业的受训者都得到了培训，但是效果不理想。本项目将对参与培训的所有组织及其员工的培训目标、知识结构、技能状况等方面进行系统的鉴别与分析，以确定这些组织和员工是否需要培训，需要如何培训。另外，公共培训中心的师资队伍和管理人员也有他们自己的培训需求。师资队伍和管理人员的组成和分工情况是否也需要根据他们的需求状况做出适当调整？回答是肯定的。本次培训需求调研将这类群体也纳入调研范围，因此需要一个中间组织（管理咨询机构）来主要承担调研培训目标群体培训需求的工作，使培训在一定程度上得到由内而外全方位的质量控制。

2.1.3　引导政府对企业员工培训的合理投入并产生真正的社会效益

各级地方政府每年在企业在岗员工的培训上投入大量经费，如果再加上促进待业人员就业培训的各项费用，那花费就更大了。可花了钱效果却并不明显，造成社会公共资源特别是财政资源的巨大损失。本次项目通过民政局和工商联了解当地政府所有的协会和商会组织，通过这些社会组织掌握各行各业的具体情况，并抽样调查各行业的代表性企业，再将调研结果反馈给当地政府。比如，通过某县发改局了解某县“十三五”规划，对某县一、二、三产业的人才需求进行预期,结果显示战略应向繁荣发展第三产业方向推进，应大力提升现代服务业水平；对某县承接重庆主城区产业转移并自主创新升级规划要进行重点调研，以便掌握工业制造布局情况；对某县农业进行调研，推进转变农业发展方式，打造川渝特色农产品供应基地。当地政府根据反馈结果进行组织协调，充分整合培训需求的资源，用好用活财政资金。对某县公共培训中心的专业设置和师资结构进行调研，引导其前趋于某县区域经济社会的发展，从实施主体和运行机制上保证目标培训群体的培训真正落地，使培训需求与培训实施充分契合,使受训群体很快满足用人单位的岗位要求，形成一条管理咨询机构提供培训需求的调研材料、公共培训中心实施培训、用人单位培训组织文化的人才培养价值链，各方各司其职又协同运行，最终提高用人单位的满意度和求职者的成就感。

2.2　调研的目的

通过对某县企业和培训目标群体进行用工情况及培训需求调研，准确把握某县企业岗位与用工情况，以及急需培训群体的培训需求，为培训课程开发、实施与管理提出具体建议，也为某县公共培训中心提出建议，以此达到提高培训质量，为某县及广安市经济社会发展服务的目的，为某县全面建成小康社会、实现川渝深度融合发展做贡献。

2.3 调研的任务

本次调研的主要任务是完成对某县企业用工情况、9 类培训目标群体的培训需求和某县公共培训中心的调研，为某县公共培训中心开展下一步的培训工作提供可行的参考意见。

2.4 调研的主要内容

第一，某县域企业用工需求情况调研。对全县范围的企业进行用工情况调研，了解不同企业对用工岗位类型、数量、技能等的具体要求；企业有无岗前培训；对在职员工的技能培训是如何组织的等。

第二，某县培训目标群体培训需求调研。了解需培训的领域、工种、层次，对培训方法、评估、组织、管理等提出建议。

本次调研针对 9 类目标人群，在调查准备期设计 9 类不同调研表格，分别统计，得出数据，并整理成图表。

第三，某县公共培训中心师资及管理人员培训需求调研。某县职业中学目前师资及管理队伍无论是数量还是质量都不能满足建设某县公共培训中心的要求，通过调研，找准差距，为其培训决策提出参考建议。同时，组织业主单位的相关人员对其进行需求调查国内培训，以提升其培训的组织与实施能力。

3 调研的实施及主要成果

3.1 某县经济社会发展总体状况调查

2016 年是“十三五”规划的开局之年，面对复杂严峻的经济形势和多重困难叠加的特殊挑战，某县委、县政府带领全县人民深入实施省委“三大发展战略”，推进“两大跨越”的总体部署和市委快节奏、高速度、超常规发展的工作要求，牢牢把握“稳中求进”主基调，积极采取一系列“稳增长、促改革、调结构、惠民生、防风险”的政策措施，某县经济呈现总体平稳、稳中有进的运行态势。实现了“十二五”规划良好收官，为“十三五”发展良好开局奠定了坚实基础。某县域经济三大产业中，第二、第三产业发展较快，发展概况如下：

第一，农业方面。某县在“三农”工作中，坚持一手抓市场、一手抓现场，着力实现“园区变景区、产品变商品、农民变市民”。近年来，某县的粮食产量、蔬菜产量、禽蛋产量等维持 2%的增长率。但出栏肉猪和猪肉产量都呈下降趋势。某县新型农业化建设空间较大。

第二，工业方面。某县工业经济取得飞速发展，形成了城南机电园、轻工产业园、建材产业园和子中工业园“一区多园”格局。随着一大批优质工业项目相继上马，工业经济总量持续攀升，一个企业过百家、产值过百亿元的“双百”园区已然形成。近年来规模以上产业维持在 100 家以上，预计“十三五”期间，规模以上企业将达到 140 家。不断优化第二产业结构，成为继续拉动某县经济发展的主要动力，力争解决 4 万～5 万人的就业问题。

第三，服务业方面。近年来，某县第三产业坚持“夯平台、兴市场、育品牌”，加快龙腾新世纪综合体、富全美食天街建设，宏帆广场城市综合体、邻州广场仿古商业街正式营业；推进挞子丘农贸市场、建新农贸市场升级改造。加快发展新型服务业。研究出台加快发展新兴先导型服务业的实施方案，助推电子商务、现代物流等新兴先导型服务业发展；积极探索电子商务进农村，努力搭建农村电子商务平台；推进旅游业提档升级。第三产业在某县域经济中发挥越来越大的作用，未来预计将解决 6 万余人的就业需求。

3.2 某县用工情况调查

截至 2015 年，某县共有规模以上企业 107 家，解决了数万人的工作问题。某县毗邻重庆，具有天然的区位优势；实现产业转型，工业园区规模化发展、城镇化步伐不断加快，第二、第三产业发展较快，具有明显经济优势。因此，本项目对某县规模以上企业进行抽样调查，覆盖了第一、第二、第三产业，随机抽取了四川劲德兴汽车配件有限公司、广安华讯电子有限公司、四川龙擎汽车部件制造有限公司、四川天圣药业有限公司、四川圣锦风机有限公司、四川德邦物流有限公司、重庆商社新世纪百货某县商都等10家企业，以问卷调查为主、辅以访谈的调查形式，对其企业的基本情况、企业用工情况、企业在岗职工的培训情况进行了全方位的了解。某县企业用工情况如下所述。

1）主营业务

生产/加工/制造类企业占 60%，贸易/批发/零售/租赁业占 10%，文体教育/工艺美术占 10%，交通/运输/物流/仓储占 10%，服务业（酒店餐饮）占10%。见图 3-1。

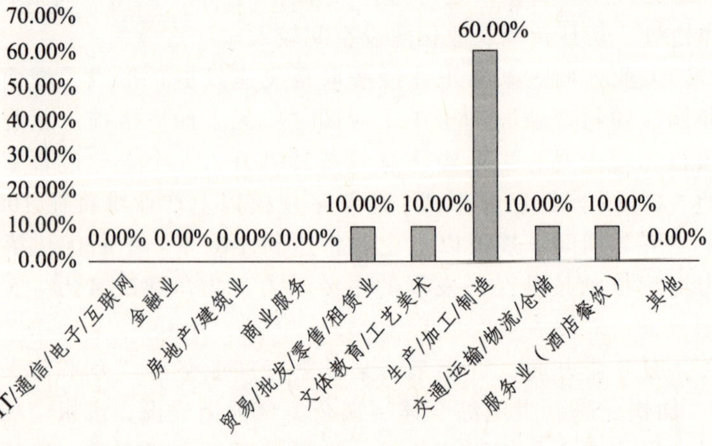

图 3-1　主营业务

由于某县域经济的发展需要，经济园区中主要以第二产业为主，因此生产/加工/制造业企业占据了某县企业的大多数。而且某县当地生产/加工/制造行业的人才较多，更加推动了该行业的进步和发展。而其他行业，诸如批发零售、物流运输、酒店餐饮等行业也对某县经济发展起到了不可小觑的推动作用。

2）公司性质

某县有限责任公司占据某县企业数的 60%，股份合作企业占 20%，个人独资企业占 20%。见图 3-2。

某县的有限责任公司占据某县企业数的 60%，说明该县的企业大部分是由 50 个以下的股东出资而设立的,其中每个股东以其所认缴的出资额对公司承担有限责任。也有部分的股份合作企业，可见某县存在企业职工共同出资入股，并且吸收一定比例的社会资产投资组建企业的现象。这种实行自主经营，自负盈亏，共同劳动，民主管理，按劳分配与按股分红相结合的集体经济组织也为某县的经济发展贡献着重要的力量。当然，还有部分的个人独资民营企业，他们的存在有利于业主个人创业精神的发扬，并为当地待业人群新增了许多就业岗位。

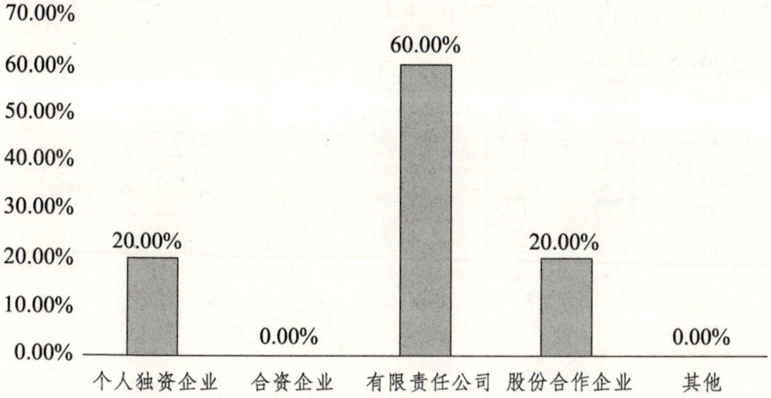

图 3-2　公司性质

3）公司规模

某县员工数在 90 人以上的公司占 70%，在 30 ~ 60 人的占 20%，员工数在 30 人以下的公司占 10%。见图 3-3。

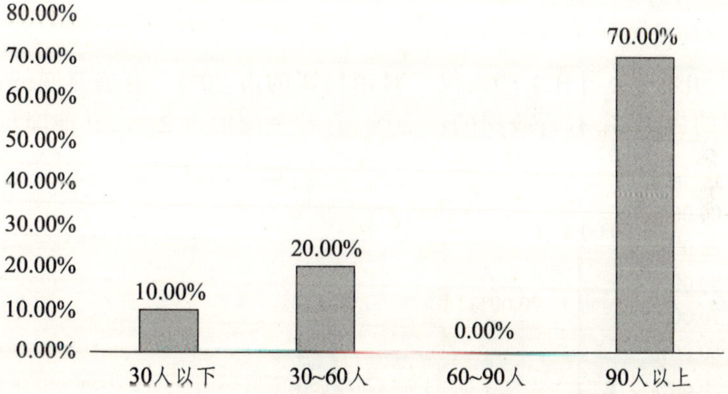

图 3-3　公司员工数

大部分企业的员工数量都在 90 人以上，属于大规模企业，经济效益高。但值得注意的是，随着公司的规模增大，员工数量越来越多，公司里的人可能会因为存在宗教、性别、年龄等差异而拉帮结派。公司更应该注重多元化与包容性，让大家都以各自最舒服的方式工作，从而发挥出各自最大的价值。而一部分员工人数较少的公司，他们资金流通到位，灵活性强，相对易于管理。

4）员工来源

某县公司的员工来源中，初中以上毕业生占 23.26%，转移劳动力占 23.26%，失地农民占 21.74%，转业复员军人占 4.38%，企业下岗员工占 13.04%，其他员工占 8.70%。见图 3-4。

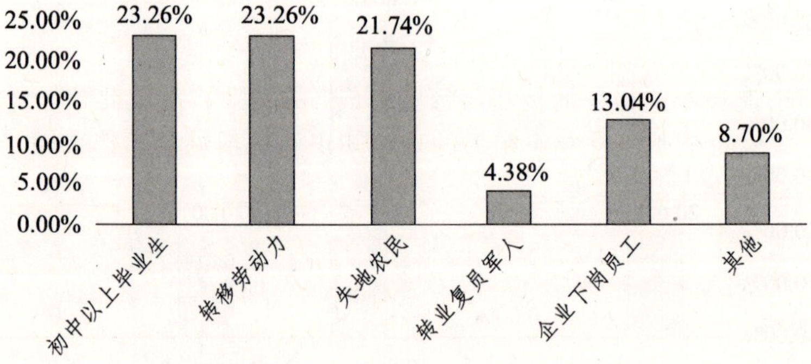

图 3-4 公司员工来源

由于某县的经济产业主要以第二产业为主，这些企业的大部分员工都是一线生产制造员工，产业特征决定了他们的员工来源主要以初中以上毕业生、转移劳动力、失地农民和企业下岗员工为主，这部分人群理论知识不强，但可以找准出力点，为企业的发展做贡献。

5）工作岗位

某县 90%的公司有生产岗位，有销售岗的占 70%，有物流岗的占 30%，有财会岗的占 70%，有行政岗的占 20%，有管理岗的占 20%，其他岗位占 10%。见图 3-5。

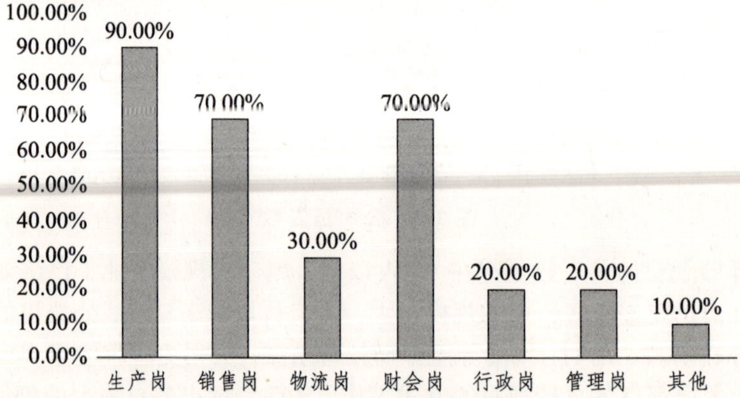

图 3-5 公司岗位类型

由图 3-5 可以看出，管理岗和行政岗的员工较少，而绝大部分企业都有生产岗。随着某县的制造业水平的不断提高，对生产管理人才的需求将越来越多。生产岗位需要相当的实践经验，需要经历生产现场的方方面面，对生产岗位人员进行培训尤为必要。

6）岗前培训

90%的企业的岗前培训内容都注重职业道德与规范，70%的企业注重专业技能的培训和专业相关的技巧与经验，50%的企业注重沟通管理知识和法律常识，40%的企业注重专业相关的理论知识和一般性的工作技能，10%的企业岗前培训注重其他内容。见图 3-6。

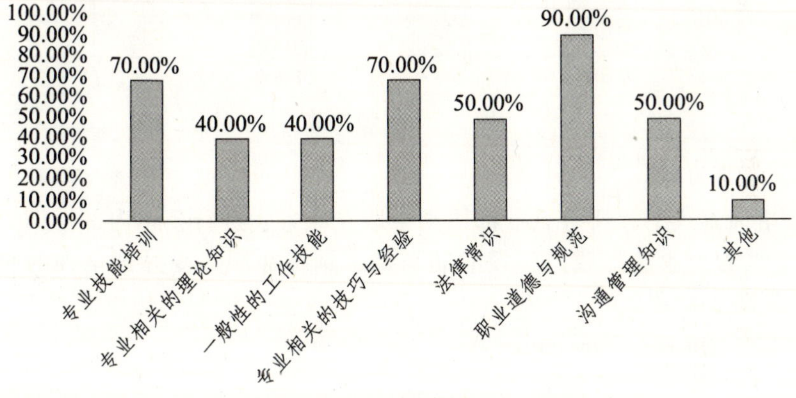

图 3-6　岗前培训内容

随着企业用工量的增加，会出现一些缺乏素质修养的员工，他们重则伤害他人，轻则影响社会秩序。大部分企业注重道德培训说明这些企业把素质放在了高处。公司的员工就好比是公司的门面，好的员工会带来更多好的评价，正面的影响，自身修养不好的员工，必然会给公司带来负面的影响。无信不立，市场竞争需要道德和诚信。当然，为了自身的生存与发展，企业也非常注重专业技能的培训以及专业相关的技巧与经验。

7）培训次数

40%的企业给员工做的培训次数为 1 次到 3 次，培训次数在 4 次到 6 次的企业占 10%，培训次数 7 次以上的企业占 40%，还有 10%的企业从未给员工做过培训。见图 3-7。

由图可见，大部分企业比较注重给员工进行培训，他们表示，通过培训指导活动可以让员工获取知识、提高技巧、改进态度，还可以使员工明确自己的任务、工作职责和目标，具备与实现企业目标相适应的自身素质和相适应的业务能力。值得注意的是，少数企业从未给员工做过培训，因此应加强这些企业的管理者的重视培训的意识和责任。

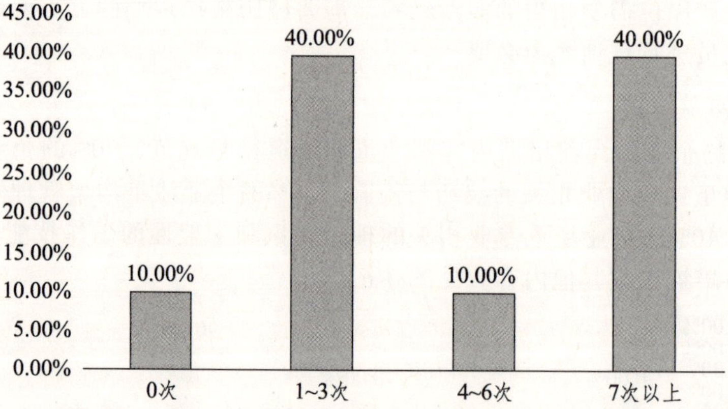

图 3-7　培训次数

8）培训方式

在培训方式中，所有企业都愿意采取在职方式进行公司内部培训。其中又有 60%的企业选择脱产一段时间培训，选择在职接受外部培训的企业占20%。见图 3-8。

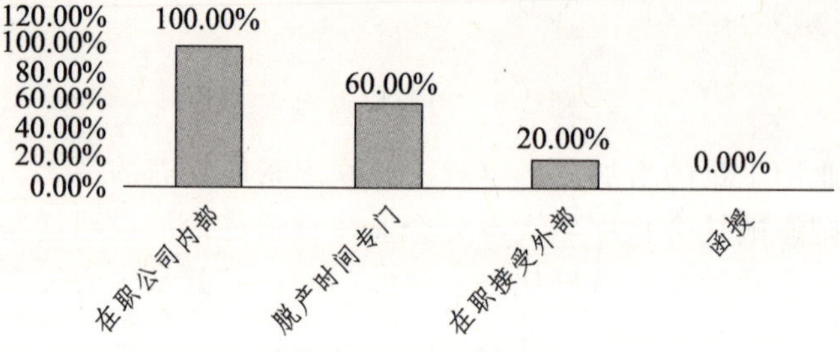

图 3-8　培训方式

由于企业发展的速度快，导致企业对人才特别渴求，但市场中优秀的人才相对较少，且外部培训成本较高，企业只能选择自己培养。

9）培训老师

有 50%的企业选择行业专家，有 10%的企业选择高校教授，有 10%的企业选择职业学校“双师型”教师，有 70%的企业选择优秀从业人员和上级领导。见图 3-9。

由于受到产业操作性和实践性的特征影响，很多企业认为优秀的从业人员和上级领导都适合当培训讲师。在他们看来，优秀的从业人员有丰富的实践经验，让他们指导员工，既能节约培训成本，又能提高培训效率。上级领导基本上都出自生产管理岗位，他们有相当的实践经验，经历过生产现场的方方面面，是培训讲师人选的很受青睐的对象。

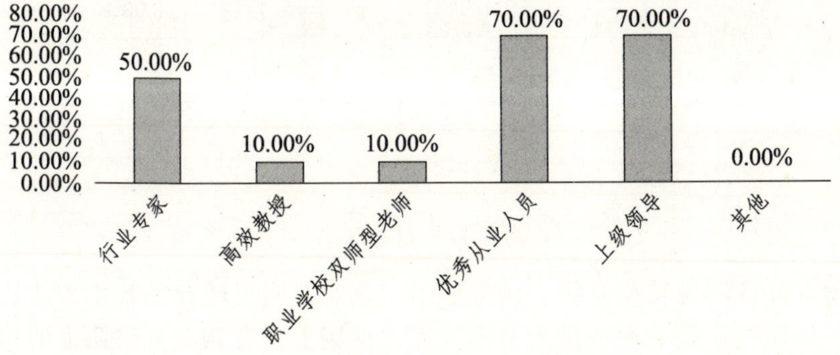

图 3-9　培训老师

10）**培训教材**

10%的企业所使用的培训教材的特点是偏重理论知识，90%的企业选择技术技能的演示，60%的企业选择案例及其分析和方法指导，还有 10%的企业选择了其他的教材特点。见图 3-10。

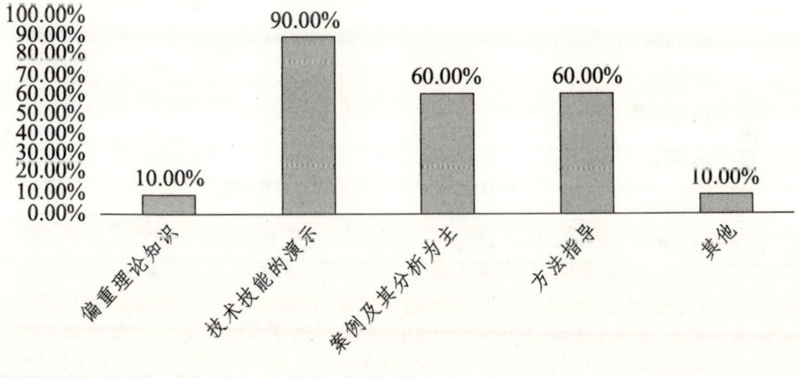

图 3-10　教材特点

由于企业员工的构成中生产车间一线员工占主要部分，因此很多企业针对这类人群的培训都是以技术技能的演示为主，而较少关注理论知识。

11）**用工状态**

10%的企业一直处于缺工状态，60%的企业存在短期性缺工现象，30%的企业不缺工。员工过于饱和的企业无。见图 3-11。

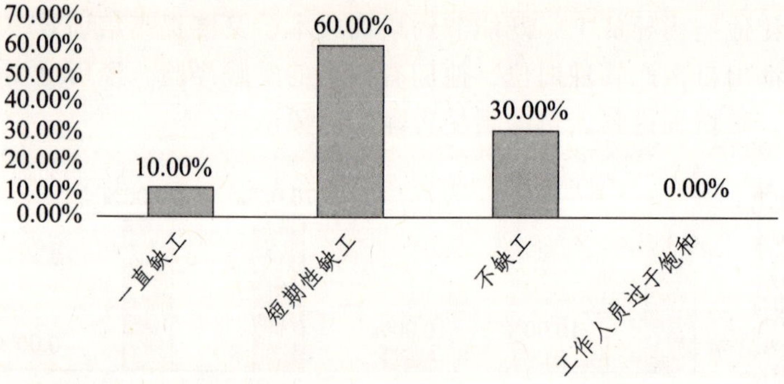

图 3-11 用工状态

随着经济结构转型升级，调查显示，企业普遍反映存在技术人才招工难问题，以制造业企业反映最为突出。人才市场上具有相关资格认证的技术人才、营销人才和管理人才极为缺乏，因此，很多企业都存在缺工现象。

12）计划招收的员工类型

20%的企业倾向于招收管理人员，10%的企业倾向于招收销售人员，60%的企业倾向于招收技术人员，10%的企业倾向于招收行政人员。见图 3-12。

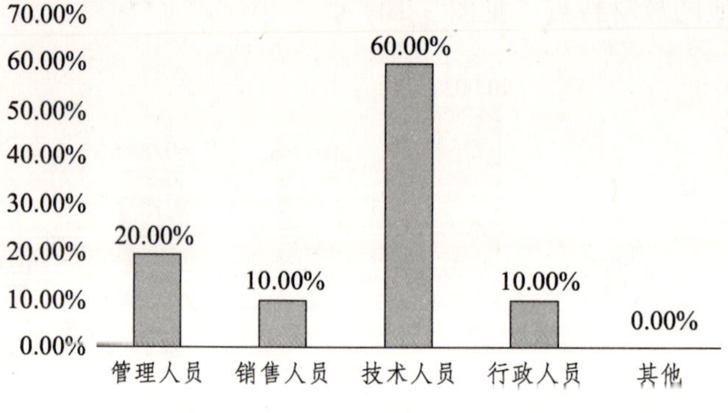

图 3-12 倾向招收员工的类型

和图 3-6 相联系，公司企业的岗位主要以生产岗位为主，因此大多数企业都倾向于招收技术人员。而销售人员和行政人员，由于第二产业的企业主要负责生产加工和制造，因此对这类员工招收较少。

13）员工年龄

50%的企业员工年龄为 18 岁到 25 岁，50%的企业员工年龄为 26 岁到 35 岁，40%的企业员工年龄在 35 岁到 45 岁。见图 3-13。

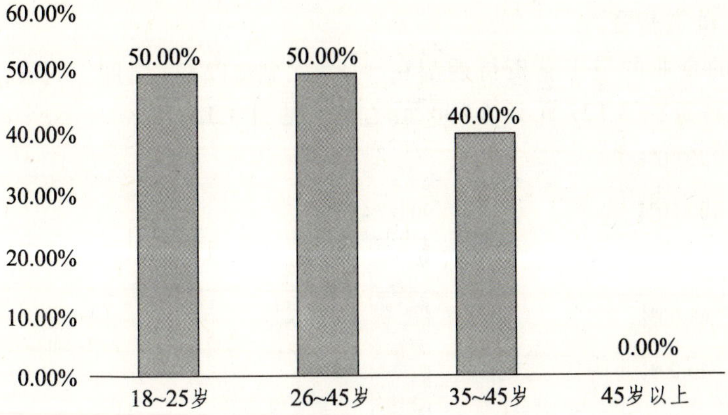

图 3-13　员工的主要年龄范围

大部分企业的员工年龄都处于青年阶段，这对企业来说无疑是一个好的现象。因为企业员工年龄结构偏大将带来一系列管理问题和效益问题。但是，企业应注意培养员工的服从意识，因为青年员工的个性比较强烈，应该加大培训制度的执行力度。

14）挑选员工的依据

所有企业在挑选员工时都看重员工的工作态度，有 9 成企业看重员工的工作能力，7 成企业看重员工的工作经验，还有 3 成企业看重员工的发展潜力和专业技能证书。见图 3-14。

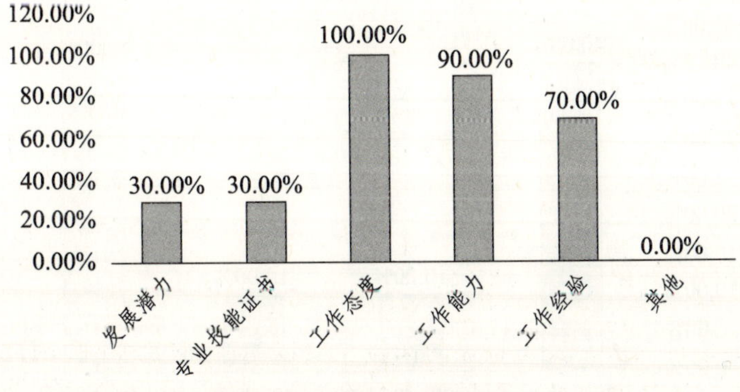

图 3-14　挑选员工的依据

调查显示，企业中不是所有部门和岗位都以绩效论英雄，在工作绩效被量化的部门，企业比较看重员工的业务能力。然而，还有很多工作是不能被量化的，他们更需要有较高的事务性能力，这时，企业就更加看重员工的工作态度和工作能力。

15）员工薪资

90%的企业的员工薪资待遇都在 1380 元到 3127 元之间，只有 10%的企业的员工薪资在 3 127 元到 6 000 元之间。见图 3-15。

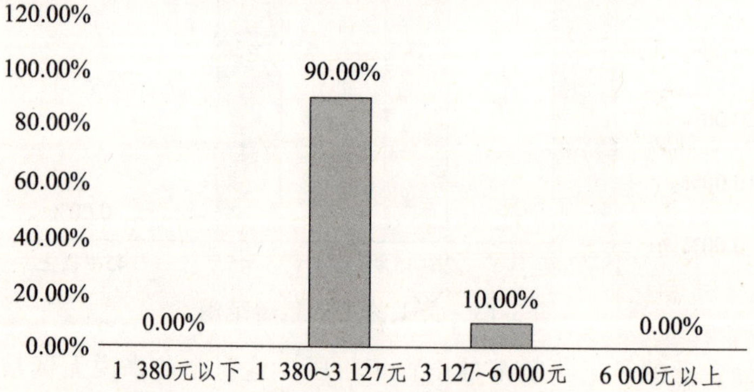

图 3-15 员工的薪酬

根据当地经济发展水平和群众生活水平，企业合理制定员工薪酬待遇，因此，大部分企业给员工发放的薪资都处于 1380 元到 3127 元之间。

16）预计招工量

40%的企业预计未来三年招收 20 人以内的新员工，10%的企业预计招收 20 人至 40 人，10%的企业预计招收 40 人至 60 人，40%的企业预计招收 60 人以上。见图 3-16。

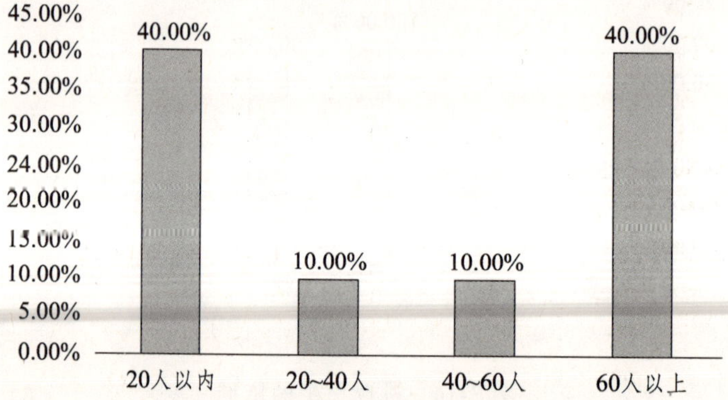

图 3-16 预计未来三年招收新员工的数量

由图可见，一些企业的员工数量已经足够支撑企业发展，因此这些企业未来三年预计招收的员工数不多，也有部分企业预计招收 60 人以上的新员工，这些企业发展势头正旺，规模迅速扩张，因此，需要招收更多员工保障企业的快速发展。

3.3 某县急需培训的九类人群的能力素质调查

以某县域经济为基础，结合本项目服务大纲的要求，本咨询项目选取了9类人群——未就业的有就业需求的初高中未升学毕业生、失地农民、转移劳动力、企业下岗员工、转业复员军人、已经就业的企业在岗人员、公办职业学校教师、民办职业学校教师、公民办幼儿园教师为调研对象，严格按照随机抽样的原则选取了600个样本，研究对象覆盖某县域经济的三大产业，涉及机械制造、加工生产、物流、医药、电子、餐饮、事业单位等多个行业。9类人群既是某县域经济建设与发展的主要力量，也是某县公共培训中心的主要培训对象。本咨询服务项目通过采取文献研究、问卷法和访谈法等定性与定量相结合的研究方法，掌握9类人群样本的基本信息，剖析其求职意向、培训需求，进而推广到某县域经济主要劳动力这一范畴，为培训提供参考意见。

3.3.1 未就业有就业需求的初高中毕业生

截至2015年末，某县内共有初中51所，当年招生10 074人，在校生32 391人；普通高中8所，当年招生6 660人，在校生21 719人；中等职业技术学校7所，当年招生5 449人，在校生10 914人。初中毕业生中的60%以上选择了进入普通高中接受升学教育，30%倾向于接受中等职业教育；高中毕业生中的80%以上会接受本科或高等专科教育。因此，该群体以学历教育为主，除此之外仍有2 000余初高中毕业生直接面临就业问题，尽管这一部分学生在初高中毕业生的总群体中占据极少数，但2 000余有就业需求的初高中毕业生的规模仍不容小觑。基于此，本项目采取简单随机抽样，在某县的51所初级中学和8所高级中学中抽取了丰和中学和坛同中学，再使用整群随机抽样的方法各自抽取了两个班级、共计180名学生作为问卷调查对象，对问卷结果统计分析后反映出如下情况。

3.3.1.1 基本情况

调查问卷中设计了有关初高中毕业生抽样群体的性别、年龄、家庭年收入、待业时长及待业原因。基本信息对初高中毕业生的职业培训需求产生较大影响，该群体的基本信息与其培训需求之间有着密切的关系。

1）性别

初高中毕业生的抽样群体中男性所占比例为57%，女性为43%，性别比例无明显差异。

初高中生的性别结构与当地同年龄段的人口结构相符，就性别而言，初高中毕业生群体女生人数略少于男生人数，二者结构较为合理。

2）年龄

初高中生年龄分布中，14～16岁者占比为37.89%，16～18岁年龄段占比51.05%，18岁以上年龄占比为11.06%。

根据该群体年龄分布可以推测出，初高中毕业生的年龄分布在14～21岁之间，其中初中毕业生中14～15岁的居多，高中毕业生集中在16～18岁。初中毕业生正处于少年向青年的过渡时期，心理与生理发展迅速，只有给予合理的引导，才能使其在人生的开始阶段把握正确的发展方向；高中毕业生基本接近或已经进入成人阶段，思想发展逐渐成熟。初高中毕业生刚刚走出学校、走进社会，基本都没有过工作经历，因此，这类群体在工作定位、求职方向、求职技巧、职业技能与素养方面都处于一种模糊的甚至空白的状态。作为毕业生，基本完成了叛逆期的过渡，拥有一定的学习能力，可塑性较强，结合该群体的职业需求，对该群体进行短期或中长期的职业培训，很大程度上决定着其职业走向，对其职业发展有着长远影响。该类群体有极强的接受新事物的能力，应该重视对该类群体的培训教育问题。

3）家庭年收入

初高中毕业生的家庭收入主要来自父母，问卷统计结果显示初高中毕业生的家庭年收入中3万～4万元的占35.7%，家庭年收入在4万元以下者的占比为58.95%。

该群体中的大多数家庭年收入为中下水平。从家庭发展来看，需要没有获取更高水平学历教育的学生群体快速投入工作岗位，为家庭减少经济负担。但是，这类劳动力群体初入社会，没有相关的工作经验，缺乏特定的工作技能，对所从事的工作缺乏长期规划性、可持续发展性。

4）待业时长

该群体中96%从未就过业，4%的人待业时长为1～6个月。

未就业有就业需求的初高中毕业生的待业时间长短与该人群的现实情况相符。本咨询调研项目对初中、高中毕业生的抽样调查时间为2016年6月中下旬，初高中毕业生结束了中考、高考两类升学考试，已经获知考试成绩，对能否升学、是否就业都有明确的答案。

5）待业原因

初高中毕业生将自身的待业状态归因于：12%认为是家庭原因所致，主要表现在父母的干涉；27.62%认为是自身工作能力欠缺所致；9%因为对工作单位的工作条件与工资待遇不满，失去工作后处于待业状态；28.57%由于市场经济不景气等社会原因没办法获取理想的工作岗位；19.58%对自身缺乏全面把握及合理定位，并不清楚自己能从事何种工作；另有12.47%归结于其他原因。

该群体中56.19%均将待业原因归结为自身，这是刚刚走出学校、步入社会的学生群体的普遍性特点。他们接受完9年或12年的应试教育之后，并不具备专项的工作能力，他们缺乏明确的职业发展方向、合理的职业规划，对未来感到迷茫。将待业原因归结为自身，既包括了对于自己的认识、对社会工作的认识，也承认了自身能力的欠缺致使难以获取满意的工作。

3.3.1.2　培训需求调查

1）培训需求

初高中毕业生这一调研群体中，57%认为自身有接受职业培训的需要；43%认为现阶段不需要接受职业培训。

该群体中有培训需求和无培训需求的人员构成比例差距不大。可以推测，对于刚毕业的初中生或高中生而言，他们并不了解具体工作的内容、工作要求，做出这种判断是基于自身主观的推测与预估。

2）职业培训的原因

尽管存在自身有无接受培训的需要的差异，但若选择参加职业培训，被调研的初高中毕业生中，受课程实用程度吸引的占64.74%，选择良好的师资和培训环境的占54.74%，选择合理的培训时间的为16.32%，选择合理的培训费用的为44%，其他原因的占27%。

由此可知，初高中毕业生选择参加职业培训主要因素依次为课程实用程度、良好的师资和培训环境、合理的培训费用、合理的培训时间。培训课程、师资、环境关乎培训课程的质量与效果，反映出初高中毕业生选择职业培训的核心问题是期望通过培训获取实效。

3）理想的工作行业和岗位

对某县域经济细分为8大行业，统计结果显示选择销售/市场类占

10.32%，选择财务/行政类占 11.9%，选择生产/建筑/物业管理类占 6.35%，选择采购/贸易/交通/物流类占据 3.17%，选择生产/制造类占 9.52%，选择媒体/印刷/设计类占 14.29%，选择服务业占 1.59%，选择餐饮/烹饪占 17.63%，其他占 25.32%。毕业生群体中希望从事的行业多为第三产业，与某县域经济向工业转型不吻合。

具体到工作职位，31.58%定位为专业人员，5.79%想从事一般性的行政职位，20.53%选择技术人员，25.26%选择管理人员，16.66%为其他。

初高中毕业生群体中，52.01%有意愿从事一线具体工作，并渴望拥有一技之长，从事专业性强的工作。具体到工作职位，例如财会、电工、汽修、机电等方面的技术岗位工作受到欢迎，一部分希望成为管理人员，例如物流管理岗位等等。

4）理想的工作地

初高中毕业生的工作地意向中，2.1%为某县内，1.58%为某县附近的县，6.32%为广安市，21.58%为重庆市，68%想在广安及重庆以外的地方工作。

初高中毕业生没有工作经验，绝大部分都有外出闯荡的雄心，目前有意向直接在某县及周边县市工作的占比仅为 32%，该培训群体并无定位于以某县为核心、服务周边县市的观念。

5）有助于获取理想工作的因素

初高中毕业生认为有助于获取理想工作的因素（多选）中，理论知识的储备占 31.5%，基本的职业素质占 78.42%，实用的专业技能占 26.17%，求职技巧占 78.42%，其他因素占 68.42%。

调研对象群体中更为重视的是计算机操作等基本的职业素质、求职技巧、理论知识的储备，这与该群体就业意向偏向于第三产业、想要从事行政管理类岗位的事实相吻合。

6）培训内容

调研对象中偏向于能获得职业资格认证的专业培训者占 60.53%，选择专业相关的理论知识、前沿动态占 46.31%，选择一般性的工作技能占 25.79%，选择专业相关的技巧与经验占 57.89%，选择法律常识占 24.21%，选择职业道德与规范占 33.68%，选择沟通管理知识占 33.68%，其他占 8.95%。

初高中毕业生群体中对于职业培训的内容表现出专业性期望。希望通过职业培训能取得专业的资格证书、学习专业相关的技巧与经验，在此基础上获取专业相关的理论知识、前沿动态。表明了该群体对于参加职业培训的目的性十分明确，即：如果要参加职业培训，那么培训的内容需要有专业指向性，最好能帮助其获得相关的资格证书，同时能获得与工作相关的经验和技巧。

7）培训方式

职业培训的培训方式是培训课程的组织方式，选择理论专家讲授的为35.78%，选择技术专家带领下操作学习的占72.68%，选择讲授与操作相结合的占64.12%，选择互联网课程的为13.68%，选择视频课程的为14.74%，其他为15.79%。

培训课程的具体组织方式方面，该群体也表现了明显的实用性倾向，希望通过课堂的模拟、演练、操作，直接还原工作情境，快速掌握操作性技能。

8）培训方法

培训方法是老师选取的、具体实施教学的形式。其中，选择课堂讲授法的为32.63%，经验交流讨论法的为65.79%，角色扮演法的为26.32%，案例研究法的为34.21%，实地参观访问的为67.89%，其他为12.11%。

培训课程的具体组织与实施，初高中毕业生群体倾向于选择深入工作情境，在将来有意愿从事的工作环境中学习，学习专业操作技能、开展工作经验的交流与讨论；其次是课堂讲授学习相关的理论知识。

9）培训教材

培训教材的内容方面，14.74%认为应偏重理论知识，70%认为应是技术技能的演示，37.37%认为应以案例及其分析为主，61%侧重方法指导，14.34%选择了其他。

被调研对象中的绝大多数认可通过培训教材获得某项技术技能的操作性步骤，并且通过阅读或看图获得该项技能的操作技巧。教材是对培训教师课堂内容的书面化呈现形式，但应具有操作性和指导性。

10）培训老师

初高中毕业生理想的培训教师，63.68%认为应是行业专家，26.32%认为应是高校教授，22.63%认为应是职业学校“双师型”老师，56.32%选择优秀从业人员，14.21%认为应是上级领导，10.53%选取了其他。

该群体希望通过培训获取实用技能的目的，决定了培训教师应是这一方面的专家或熟练员工。其中行业专家具有过硬的工作技能、较长的工作经验，优秀从业人员也在该领域中表现突出，具有实践经验的培训教师才能结合工作实际，传授学生以实用的工作技能。

11）培训费用

就支付培训费用的意向性而言，14.21%的人愿意付费，77.37%的人在政府和单位承担部分的情况下愿意支付一部分费用，8%的人不愿意承担培训费用。细化到培训费用，22%愿意承担 500 元以下，49%愿意承担 500 ~ 1 000 元，23%能承担 1 000 ~ 1 500 元，6%能承担 1 500 元以上的费用。

面对与个人求职紧密相关的职业培训问题，愿意承担培训费用的比例占据 91.58%，其中绝大部分在单位与政府有所补贴的情况下，接受培训的意向更强。而培训费用根据课程的组织情况，最好设定在 1000 元以内。

12）培训时长

培训时间长度指的是全职培训所需花费的时间，调查显示，6.23%认为应控制在一个月以内，32.63%能接受 2 ~ 4 个月的培训，32.63%认为培训时长应为 5 ~ 6 个月，21.58%希望培训时间为 7 个月以上。

在被调研群体中，78.42%认为接受职业培训时长应该控制在半年以内，集中对受训者进行职业培训。该群体缺乏相应的工作经验，可以进行中长期的职业培训计划，帮助其实现学校生活与社会生活的顺利过渡。

13）理想薪资

对初高中毕业生的未来工资的需求调查显示，选择 1 380 元以下的占 0.53%，选择 1 380 ~ 3 127 元的占 9.47%，选择 3 127 ~ 6 000 元的占 36.84%，选择 6 000 元以上的占据 47.89%。

初高中毕业生尚无工作经历，对工作待遇充满了期许，84.73%的人对工资的期望高于某县普通薪水比例，也高于其他群体中同类比例。在对该部分人群进行培训时要注意帮助其树立对工作的全面认识。

14）培训考核方式

初高中毕业生对于培训考核方式，43.16%认为应采取面谈方式，84.21%认为应采取超前意识培训效果问卷调查，35.26%认为应采取培训心得报告，选择培训后考试的占 31.58%，选择绩效考核的占 41.05%，其他占 1.59%。

培训结束后的考核要结合培训课程短期性、实用性的特点，给予合适的考核与评估，帮助受训者巩固培训内容，认定其培训效果。该群体倾向于问卷调查的方式实施考核，考核问卷应为半截沟式，即有选择式问题考查其知识掌握情况，又有开放式问题以考核其知识掌握的综合情况。但问卷偏向于笔试，应辅以操作性考试为佳。

3.3.2 失地农民

某县常住人口为 25 万，城镇化率达 41.1%。伴随着城镇化的推进，失地农民问题愈发突出。失地农民是指农民的土地被征收后，农业户口家庭人均耕种面积少于 0.3 亩的农民群体。我国的失地农民问题主要包括三个方面：一是土地“农转非”速度太快，土地征占规模过大，失地农民群体越来越大；二是对失地农民的补偿较低，不足以解决他们的长远生计；三是失地农民的社会保障欠缺，再就业困难。因此，将失地农民纳入调研的主要对象之中，既是对现实情况的回应，也是了解某县失地农民的培训需求，为其获取职业做准备。

本咨询项目以某县鼎屏镇猫儿沟路红帆广场附近的拆迁农民为研究对象，抽取 11 名失地农民，以问卷调查为主，辅以访谈法，通过对抽样对象的描绘以窥某县失地农民群体的职业培训状况与需求。

3.3.2.1　基本情况

1）性别

失地农民的抽样群体中女性占 27%，男性占 73%。

失地农民抽样群体中男性占比明显高于女性，性别之间存在较明显的差异。

2）婚姻状况

失地农民的样本中，未婚占 18%，已婚占 82%。

失地农民中绝大多数处于已婚状态，已婚的失地农民生活趋于稳定，与初高中毕业生相比，流动性程度明显降低，但为了个人与家庭的长期的、可持续发展，需要解决其面临的就业需求与经济压力。

3）文化程度

抽样群体中文盲占 9.1%，小学文化程度占 45.44%，初中文化程度占 18.18%，高中或中专文化程度占 18.18%，大专及其以上文化程度占 9.1%。

初中及其以下文化程度占比为 72.72%，表明该群体文化程度普遍偏低，缺乏专门的工作技能，在土地被占用之后失去生活的主要来源。对该群体进行职业培训具有现实意义。

4）待业情况

失地农民的被调研群体中，处于待业状态的时间为 1～6 个月的占 27.27%，7～12 个月的占 36.36%，2～3 年的占 27.27%，3 年以上为 9.1%。

该部分人群基本都有过工作经验，在城市化的过程中由于征地或其他原因失去了家庭的土地，而待业时长在半年以上的居 72.73%。为了该群体的生存与持续发展，职业培训意义重大。

5）行业原因

该群体大多数处于较长时间无业状态，其中 28.57%认为是家庭原因所致，主要表现为家庭事务的繁忙；14.29%归因于工作单位的工作环境、工资待遇方面的问题；28.57%由于市场经济不景气、缺乏工作机会等社会原因没办法获取理想的工作岗位；7.14%归结于其他原因。

失地农民主要将待业原因归为外因：家庭、单位或社会。没有人归因于自身工作技能的欠缺。对于该类群体而言，需要对自身进行合理定位，明确培训需求。

3.3.2.2 培训需求调查

1）培训需求及原因

该群体的抽样调查显示，接受职业培训需求的比例高达 100%。其中，培训原因包括：课程实用程度占 81.81%，良好的师资和培训环境占 81.814%，合理的培训时间占比为 36.36%，合理的培训费用为 36.36%。

该群体一方面将待业原因归结为外部因素，另一方面又承认课程的实用程度、良好的培训师资和培训环境、合理的培训时间以及合理的培训费用具有吸引力。

2）希望从事的行业与工作职位

该群体中希望从事的行业属于销售/市场类的占 16.67%，财务/行政类的占 8.33%，生产/建筑/物业管理类的占 6.35%，生产/制造类的占 6.35%，媒体/印刷/设计类的占 50.9%，其他占 25.32%，采购/贸易/交通/物流、服务业、餐饮/烹饪占比为 0%。

从该群体的就业意向看，对于行业的选取不是集中于生产一线类的重工业，而是偏向于从事一些为生产制造行业服务的产业。符合其拥有一定资本积累的现状。

在工作职位方面，38.46%定位为从事专业性工作的专业人员，23.08%想从事一般性的行政职位，23.08%为技术人员，15.38%为管理人员。

该群体中的 84.62%希望拥有专业性、一般行政性或技术性的工作岗位。综合看来，他们比较理想的工作类型是属于带有专业性质的、偏向服务性的行业，例如服装制作行业。这类工作对应的工作能力显然是失地农民群体现阶段所不具备的。根据他们已有的资源，他们可以大力发展农村生态旅游，比较适合旅游管理岗位，因此有部分农民选择了管理人员职位。生态旅游行业不可避免地需要厨师，因此，一部分人希望进入烹饪行业。

3）工作地

失地农民中 90.9%认为理想的工作地是在某县内，9.1%则将理想的工作地点瞄准广安市。

失地农民普遍已经结婚，年龄处于中年，生活趋于稳定，且有一定的资本积累。对他们而言就近择业是最为理想的状态，既可以维持现有稳定的生活，又可以减少就业的压力及随之而来的就业成本。

4）获取工作的因素

在帮助其获取理想工作的因素中，失地农民群体认为理论知识的储备占 27.27%，基本的职业素质占据 36.36%，实用的专业技能占 81.82%，求职技巧占据 9.1%，其他因素占 9.1%。

调查显示，该群体对于实用的专业技能的认同度最高，其次是基本的职业素质与理论知识的储备。应结合其主要培训需要——创业，开展相关的政策指导、创业孵化等相关内容的培训辅导。

5）培训内容

失地农民群体中认为培训的主要内容应该涉及能获得职业资格认证的专业培训者占 45.45%，获得专业相关的理论知识、前沿动态的占 63.64%，一般性的工作技能为 27.27%，专业相关的技巧与经验占 63.64%，法律常识占 9.1%，职业道德与规范占 9.1%，沟通管理知识占 33.68%。

可见，失地农民群体希望通过职业培训获取专业相关的技巧与经验、理论知识与前沿动态。表明该群体培训的主要需求集中于专业领域，最好是与其就业或创业相关的专业培训。

6）培训方式

在培训方式的选择方面，失地农民群体选择理论专家讲授的占 18.18%，选择技术专家讲授与操作相结合的占 45.45%，选择视频课程的为 18.18%，其他为 9.1%。目前，在所有的培训课程中，视频课程的占比为 0。

该群体对于培训课程的组织方式方面，既重视培训老师的讲解，又重视培训老师示范性的操作，体现出明显的理论与实践并重的特点。

7）培训方法

失地农民的抽样群体中，对于具体的培训方法，选择课堂讲授法的占 18.18%，经验交流讨论法的占 81.82%，角色扮演法的为 18.18%，案例研究法的为 72.73%，实地参观访问的为 45.45%，其他为 0.91%。

培训课程的实施方面，失地农民群体渴望通过该方法获取某一专业领域中的工作经验、并能结合自身情况进行讨论。同时，也倾向于对具体的典型案例进行分析，个别归纳出一般性的专业知识原理。

8）培训教材

失地农民抽样群体对于培训教材，认为应偏重理论知识的占比为 9.1%，认为应重视技术技能演示的占 90.91%，认为应注重案例及其分析的占 81.82%，选择方法指导的占 18.18%，其他的占 9.1%。

对该群体而言，培训教材主要应该偏向于技术技能的演示和案例分析，针对专业领域，应该具有较强的可操作性，应用性较强。

9）培训老师

失地农民理想的培训的老师，认为应是行业专家的占 45.45%，高校教授的占 45.45%，职业学校双师型老师的占 22.63%，优秀从业人员占 9.1%，其他为 9.1%。

可知，失地农民群体希望通过行业专家和高校教授这些各自相关专业中的专业人士担当培训老师，从而帮助自己获取相关的专业知识。

10）培训费用

关于是否愿意承担培训费用的问题，36.36%的被调研对象选择愿意付费，27.27%选择在政府和单位承担部分的情况下愿意承担一部分费用，有 36%的人不愿意承担培训费用。而对于具体的培训费用金额，63.64%愿意承担 500 元以下的培训费用，36.36%能承担的培训费用为 500～1 000 元。超过 1 000 元的培训费用，失地农民群体表示无法接受。

调查显示，该群体超过 64%的被调研对象愿意承担培训费用，较之第一类群体中自费的比例更高。但是能承受的费用的临界点仍然为 1000 元。

11）培训时长

失地农民群体中，36.36%能接受一个月以内的职业培训，36.36%愿意接受 2～4 个月的培训，18.18%认为培训时长应为 5～6 个月，9.1%希望培训时间为 7 个月以上。

调查显示，该群体的培训时间长度倾向于 4 个月以内的短期培训，有此倾向的人群占比为 72.72%，短期培训能保证其在最为有限的时间及精力投入的情况下获取较为理想的培训效果。

12）理想薪资

对于抽样的失地农民群体而言，认为理想的薪资在 1 380～3 127 元的占 18.18%，3 127～6 000 元的占 18.18%，6 000 元以上的占据 63.64%。

该群体对于工资的要求较高。81.82%对于工资的普遍需求高于人社局规定的缴税基本工资，反映出该群体的工资期许普遍较高。

13）考核方式

培训结束之后，失地农民抽样群体就考核方式而言，选择采取面谈方式的占 36.36%，选择培训效果问卷调查者占 54.55%，选择培训心得报告的调查者占 9.1%，选择培训接受后考试者占 36.36%，选择绩效考核者占 27.27%。

企业下岗员工被抽样群体中，对考核方式的选择集中在问卷、面谈和考试三种之中，普遍接受对短期培训进行效果考评。

3.3.3　企业下岗员工

企业下岗员工是当前我国经济转型时期出现的特殊群体，主要是指由于企业经营原因造成职工在本企业无岗位，在社会上没有就业却又拥有就业愿望的人群。国有企业员工下岗问题在 20 世纪末是一个普遍存在的社会问题，现今我国经济下行压力加大，国有企业员工下岗的问题再次凸显。

四川天圣药业有限公司是某县唯一一家具有药品销售资质的医药批发企业，主要从事药用包装材料的开发、生产、销售和生物工程、食品技术研究推广及农业综合开发、农产品收购、中药材种植等业务。四川天圣药业有限公司作为某县当地规模以上企业、国有企业，在其工会的协助下开展了本项目的调研。从该公司的下岗员工中抽取了 15 名作为调研对象，通过问卷调查透视某县域下岗员工群体的基本情况及职业培训需要。

3.3.3.1　基本情况

1）年龄分布

企业下岗员工群体的抽样调查结果显示，下岗员工的年龄分布在 20～50 岁之间。其中，年龄在 20～30 岁之间的占 20%，30～40 岁之间的占 26.7%，40～50 岁年龄段的占比为 53.3%。

调查显示 30 岁以上的下岗员工群体占 80%。实际上，在市场经济的影响及国有企业的改制等多因素的作用下，企业下岗员工年龄明显呈现年轻化趋势。

2）性别

在被调研的企业下岗员工群体中，女性占据 73%，男性占 27%。女性的数量明显多于男性。

3）婚姻状况

下岗员工被调研群体中 3%处于未婚状态，97%已婚。

因此可知，尽管下岗员工开始呈现出年轻化的趋势，但是婚姻家庭生活开始趋于稳定。

4）文化程度

企业下岗员工的抽样群体中，文盲占 13.3%，小学文化程度的为 6.7%，初中文化程度的为 40%，高中或中专文化程度的为 20%，大专及其以上文化程度的占比为 20%。

调查显示，高中以下文化程度的占比为 80%。该群体的下岗员工之中绝大多数没有接受过高等教育，然而，对其求职及工作发展而言，当务之急并非学历教育，专业技能培训将在其工作搜寻中发挥作用。

5）待业状态

该群体抽样调查的结果显示,该群体中处于待业状态为 1 ~ 6 个月的比例为 40%，7 ~ 12 个月的为 26.7%，2 ~ 3 年的为 20%，3 年以上的占比 13.3%。

调查显示，该群体待业时间超过半年的人数达到了 60%，这样的现状无论是对下岗员工个人还是其家庭来说，都潜藏着巨大的矛盾风险。

5）待业原因

就待业原因，33.33%认为是家庭原因所致，12%归因于自身工作能力欠缺，11.11%认为造成其待业的原因在于工作单位，22.22%认为当前市场经济条件欠佳是其无法获取满意工作的主要原因，21.34%现阶段还处于迷茫状态、不清楚自己能干什么。

该群体与失地农民相比，具有更为清晰的自我认知。他们中的 33.34%将自己的现状归结为自身内部问题，65.78%归结为外部原因。归结为外部原因是出于家庭所带来的负担，或者是出于工作单位与社会整体状况的无奈与不满；归结为内部原因者可能是对自身定位不清、在与社会工作的匹配方面缺乏指导，也是对自身缺乏满足工作需要的专业技能这一现实的承认。

3.3.3.2　培训需求调查

1）培训需要

调查结果显示，企业下岗员工抽样群体有接受职业培训需要的比例占据 100%，均认为自身有接受职业培训的需要。

下岗员工群体已经有了至少一段工作经历，下岗之后均认识到自身需要加强职业培训，这是对自身生活与工作理性反思的结果，下岗的生活经历使其对于工作内容和工作要求有了更加清晰、全面的认识。该群体参加职业培训，完全是自发、自愿的，因此，培训意识的宣传、灌输不是该类人群接受职业培训的前期重要工作。

2）参加职业培训的原因

下岗员工中的抽样群体，选择参加职业培训的原因及其比例为：课程实用程度占 86.67%，良好的师资和培训环境占 86.67%，合理的培训时间占 26.67%，合理的培训费用占 40%。

由调查数据可知，下岗员工群体接受职业培训最主要的原因为课程的实用性程度、培训师资与培训环境的质量，其次才是培训费用和培训时间。对于该群体来说，选择接受某项短期的专门职业培训与培训课程本身的组织和质量紧密相关，这也与上述统计所呈现的该群体想要参加职业培训是出于自身发展的需要而非诸如单位体制或晋升等外部功利性原因所致的情况相吻合。

3）理想的工作行业与工作职位

统计结果显示，销售/市场类占 12.5%，财务/行政类占 12.5%，采购/贸易/交通/物流类占 6.25%，生产/制造类占 62.5%，其他占 6.25%，生产/建筑/物业管理、媒体/印刷/设计、服务业和餐饮/烹饪占比为 0。

该类人群在行业选择上呈现出明显的分化趋势：绝大多数选取生产/制造行业，其次才是销售/市场类、财务/行政类和采购/贸易/交通/物流。做出该类选择的原因很可能是该群体下岗前从事医药行业的一线生产制造工作，之前的工作经验对他们之后的职业选择有较大的影响。

4）理想的工作岗位

在四个主要行业之中，该群体 29.41%认为专业人员类的工作职位最为理想，17.65%选择一般性的行政职位，23.53%选择技术人员，11.76%选择管理人员，17.65%为其他。

该群体中的 52.94%想要从事专业性的工作表明半数以上的下岗员工倾向于专业性质较强的、一线的工作岗位，例如数控车工、汽修、机电等行业就很受青睐。29.41%的理想工作职位属于一般的事务性的工作或管理类职位，这类工作离不开计算机应用的培训，当然，他们还倾向于服装制作和生产管理，以及轻纺等工作。认识到专业性的职业培训与其想要从事的工作行业和工作岗位紧密相关。另一小部分想要实现工作更换和转型的员工，需要进行一般性的工作技能的培训与学习。

5）工作地点

下岗员工抽样调查的统计结果显示，对于未来就业工作地点的选取，

93.33%为某县内，6.67%为广安市。

从下岗员工的婚姻状态来看，稳定的家庭生活、熟悉的朋辈群体等因素使该群体的生活追求稳定，因此出现了以某县为主、辅以广安市的就业地点选择的现象。这部分年龄结构合理的下岗员工群体自身有着较多的工作经验积淀，有较强的操作技能，因此，加以培训会成为某县域经济持续发展的有利动力。

6）获取工作的有利因素

对于帮助其获取工作的有利因素的分析，下岗员工的抽样群体认为理论知识的储备占 26.67%，基本的职业素质占 40%，实用的专业技能占 67%，求职技巧占 20%，其他因素占 6.67%。

该群体认为，要获取理想的工作职位，作为求职者的个体首先应该具备够用的专业技能，其次是基本的职业素质，再次是理论知识的储备，最后，求职技巧也会发挥一定的作用。在下岗员工群体中，对专业性的认同度较高，要求专业操作技能的培训、基本职业素养的培养与其理想的工作岗位相呼应，既有在之前的职业经验的基础上发展专业技能的需求，也有配合职业调换的更高的职业素质的养成的需要。

7）培训内容

调研对象中偏向于能获得职业认证资格的专业培训者占 40%，选择专业相关的理论知识、前沿动态的占 46.67%，选择一般性的工作技能的占 33.33%，选择专业相关的技巧与经验的占 60%，选择法律常识的占 6.67%，选择职业道德与规范的占 13.30%。

出于对以往工作经历的总结与反思，企业下岗员工群体认为接受职业培训最重要的是学习更多实用的与专业相关的工作技能与技巧，同时补充学习专业相关的理论知识和前沿动态，以掌握工作原理和发展趋势。另外，该群体也希望取得职业相关的资格证书，增加再次求职的筹码。

8）培训方式

对于职业培训方式的选择，选择理论专家讲授的占 13.338%，选择技术专家带领下操作学习的占 46.67%，选择讲授与操作相结合的占 46.67%，选择互联网课程的为 6.67%，选择视频课程的为 6.67%，其他为 6.67%。

该群体的主要培训需求在于专业技术技能、经验的学习，因此对于培训课程的呈现方式偏向于在技术专家带领下开展实地操作学习，或者是在培训老师讲授的同时伴随操作演示与练习，以便快速而直接地习得专业技能。与此同时，该群体有接受互联网、视频等多渠道授课的潜在意愿。

9）培训方法

该群体对于教师授课的方法的选择呈现不同的倾向：选择课堂讲授法的为 20%，选择经验交流讨论法的为 73.33%，选择角色扮演法的占 26.67%，选择案例研究法的为 60%，选择实地参观访问的为 33.33%，其他为 13.33%。

企业下岗员工群体希望在职业培训中获取专业知识、一般性的工作素质，这些内容可以通过经验的交流与讨论、案例的剖析与学习以及实地参观访问清晰、直观地获得。在培训方法上要与培训内容有机结合，改变一味地“灌输式”的课堂组织方式，灵活、多样地激发培训群体的学习兴趣。

10）培训教材

该群体对职业培训教材的看法具体为：13.33%认为应偏重理论知识，80%认为应是技术技能的演示，66.67%认为应以案例及其分析为主，20%侧重方法指导，6.67%选择了其他。

该群体主张培训教材不应该是理论知识的长篇铺陈，教材应与实践性质的培训内容紧密结合，主要是专业技术技能的描述、分解、演示；案例的展示与分析，以帮助其从典型的工作正反案例中找到解决日常问题的灵感；同时，理论知识也应该有所涉及，但非过于强调理论知识，忽视具体工作的条件与情况。

11）培训教师

培训教师是培训课程的主导，因此，26.67%的被调查者认为应由行业专家担任，20%认为应是高校教授，73.33%认为应是职业学校“双师型”教师，60%选择了优秀从业人员，6.7%选取了其他。

较之未就业有就业需求的初高中毕业生、失地农民而言，企业下岗员工在培训老师的选取上呈现出明显的差异：对于职业学校“双师型”教师的需求最高。这也与该群体整体素质相对较高不无关系。职业学校“双师型”教师既有着丰富实践经验，更为重要的是也有着扎实的理论基础，能够胜任职业培训的需要，满足下岗员工希望通过短期职业培训获取专业技能的需要。

12）培训费用

在培训费用方面，该群体的 6.67%愿意完全承担，93.33%选择在政府和单位承担部分的情况下愿意支付一部分费用。具体到培训费用，60%愿意承担 500 元以下，40%愿意承担 500～1 000 元，无人能接受 1 000 元以上的费用。

该群体均有承担培训费用的意愿，其中绝大多数能接受的是单位与政府共同承担培训费用的方案。而对应的培训费用的金额不应超过1000元，培训费用控制在500元以内最佳。该群体对于自身的职业发展较为重视，也认同为职业培训付费的事实。

13）培训时长

对于培训所需花费的时间，66.67%认为应控制在一个月以内，33.33%能接受2～4个月的培训。

该群体能接受的是4个月以内的短期培训，反映出其希望接受职业培训的迫切性。一部分人期望能通过短期职业培训获取专业相关的知识与经验，甚至取得相应的资格证书；另一部分人期望通过短期的职业培训学会符合时代及市场经济需要的工作基本技能，如计算机办公软件的操作，掌握专业相关的法律法规等。

14）理想的薪资

企业下岗员工对于未来薪资的预期选择为：1380 元以下的占 6.67%，1 380～3 127 元的占66.67%，3 127～6 000元的占 20%，6 000元以上的占据6.66%。

企业下岗员工再就业时的工资期许与某县经济发展程度相符，表现出极强的现实可行性。通过职业培训，帮助他们掌握相应的专业技术技能、工作技巧与经验、一般性的职业素养，在其工作能力提升后，较容易帮助其达到预期的工资水平。

15）培训效果评估

职业培训课程结束之后的评估方式方面，13.33%认为应采取面谈方式，选择培训效果问卷调查者占 13.33%，选择培训后接受考试者占据 66.67%，选择绩效考核者占据26.67%，其他占6.67%。

培训结束后利用考试的方式检验职业培训的效果是一种通行且省时、省力的方法，考核方式信度越高，越能反映出培训的实际效果。对职业培训后的下岗员工进行培训可以使用考试、实践操作考试以及二者相结合的方式进行。该群体倾向于接受短期的职业培训，需要对其培训结果进行考核。

3.3.4 转移劳动力

农业生产部门的劳动力向非农业生产部门的流动造成了农业劳动力转移现象的出现，新型工业化的出现、中国经济的发展、城市化进程的加快等诸多因素引发农村人口持续地向城镇迁移。随着科学技术的进步和社会经济的发展，农业劳动力向农村内部和外部的非农产业部门转移，是农业劳动生产率、土地生产率和农产品商品率不断提高的结果，是人类社会经济发展的共同规律。农业劳动力转移是全面彻底的转移，不仅包括劳动者本人的转移，还包括劳动者抚养的家庭成员的转移，其转移是一个复杂的、持续的过程，包括职业身份转变、社会身份转变、财产转移、素质提高等过程。

据某县有关部门不完全统计，全县有 10 余万农村剩余劳动力，分别在县内几百家民营企业、上千家餐饮企业、沪蓉高速公路邻（水）垫（江）段和上百处建筑工地务工，月收入在 600 ~ 1 000 元以上。流动性极大的农村转移劳动力如何在城市安身立命，也是某县公共培训中心服务当地人民与经济发展过程中需要解决的问题。

本咨询服务项目对某县的转移劳动进行抽样调查，选取了 47 个样本进行问卷调查，通过问卷分析考量某县域经济内转移劳动力的整体状况。

3.3.4.1　基本情况

1）性别

某县的转移劳动力中女性占 63.83%，男性占 36.17%。

某县转移劳动力性别差异悬殊，必须承认存在一定的抽样偏差。但是实际上，流动性极强的转移劳动力生活压力巨大，加之本身没有专项工作技能，家庭中的妇女和男性一样投入到了劳动密集型的行业中，劳动能力是他们赖以生存的唯一资本。该群体涉及面广，培训的潜在需求大。

2）年龄分布

转移劳动力的年龄构成以 40 岁为分界线，40 岁以下的占到 57%，40 岁以上的占到 43%。

从转移劳动力群体的年龄特征来看，该群体年龄分布比较均匀，40 岁以下的转移劳动力占据了多半，40 岁以上的仍占 40%以上。这一部分群体如果从事劳动密集型产业，其工作方式、工作效率都呈现出粗放型的特征。因此，为了与新兴工业化的产业结构相适应，对该部分人群进行职业培训、实现人力资源的转型极其重要。

3）婚姻状况

某县的转移劳动力有 83%已婚，其余 13%为未婚人员。

转移劳动力群体抽样调查统计结果显示，该群体中的绝大部分处于已婚状态。已婚状态中的男性或女性劳动力生活趋于稳定，对于工作地点、工作类型、薪资、培训内容等方面的选择区别于未婚青年劳动力群体。

4）家庭年收入

转移劳动力的家庭年收入分布比较均衡，3 万及以下的占到了 47.73%，家庭年收入处在 3 万 ~ 5 万的占 52.27%。

转移劳动力群体的家庭年收入并不高，都在 5 万元以下，群体内部的差距并不明显。就某县而言，该群体的家庭年收入属于中下。对该人群进行职业培训，实现其劳动技术技能的转型升级，对于适应某县域经济整体发展、提高经济发展过程中的发展效率意义深远。

5）文化程度

转移劳动力抽样统计结果显示，文盲有 15.56%，小学、初中、高中或中专的人数比例分别为 31.11%、42.22%和 11.11%，大专及以上为 0%。

文化程度的统计上不难看出某县转移劳动力的受教育水平整体偏低，高中（不含）以下学历占据总人数的 88.89%，占据了绝大多数，且其中的初中学历人群占据将近一半的比例。低学历是某县转移劳动力一大特点，也是我国转移劳动力存在的普遍性问题。所以在培训的过程中要更加重视他们对于知识和技能的接受效果。

6）待业状态

转移劳动力群体中，从未就业过的比例为 9%，63%的转移劳动力待业时长为 1 ~ 6 个月，待业 7 ~ 12 个月、2 ~ 3 年和 3 年以上的比例分别为 8.7%、13%和 6.52%。

从未就业过的转移劳动力属于转移劳动力家庭中的子女或极少数妇女。从调查结果可以看出，转移劳动力群体中的就业情况堪忧。处于短期性待业的群体占到了半数以上。中长期的失业状态会加重转移劳动力群体家庭的经济负担，从而带来家庭成员间的不良情绪，进而可能会造成一系列的家庭、社会问题。

7）待业原因

就待业原因而言，21.28%认为是家庭原因所致；6.38%认为是自身工作能力欠缺所致，2.13%因为对工作单位的工作条件与工资待遇不满，失去工作后处于待业状态；36.53%由于市场经济不景气等社会原因没办法获取理想的工作岗位；8.51%对自身缺乏全面把握及合理定位，并不清楚自己能从事何种工作；另有 25.53%归结于其他原因。

转移劳动力中的 59.94%将失业状态归因于家庭、社会因素或单位原因，仅有14.89%的人群认为失业的原因在于自身。就这类人群来看，从事劳动型产业使他们过于关注外生性因素，将一切原因统统归结于自身以外，根本不承认、也根本没有意识到自身存在的问题，因此，这一群体从根本上来说，缺乏对自身的合理定位和科学认识、缺乏科学和发展的观点。

3.3.4.2　培训情况

1）培训需求

调查结果显示，有71%的转移劳动力认为有接受培训的需求，其余29%的人认为目前尚无职业培训的需求。

从调查数据中可以看出，转移劳动力群体中的大部分有接受职业培训的需求，表明他们中的大多数认识到现阶段获取经济来源的方式不是长久之计，从发展的角度来看，需要经过专业化的培训来提升转移劳动力的职业发展空间。同时，需要注意的是该群体中的小部分仍没有接受职业培训的意识。开展该类人群的培训工作，前期宣传工作中应主要帮助他们建立培训意识。培训实施有一定难度。

2）参加职业培训的原因

在参加培训的原因中，46.81%的人重视课程的实用程度，27.66%的人更加重视良好的培训师资和培训环境，31.91%的人认为合理的培训时间更重要，23%的人对于培训费用的合理性有关注。

该群体对于职业培训的关注要点首先是课程的实用程度，其次是合理的培训时间、良好的培训师资和培训环境、合理的培训费用。在其他几类人群中，关注课程的同时关心的是师资和培训环境。该类群体与之存在的差异本身反映出转移劳动力群体参加职业培训的积极性并不高，即使选择参加，也更多地担心培训课程是否有用、课程的时间安排和自己的种种事务之间是否存在冲突。

3）希望从事的行业和职位

调查结果表明，某县的转移劳动力中有40.43%的人更愿意从事传统的生产制造业，排在第二位的是，23.4%的人选择财务行政行业，其余占比都比较少，分别是2.13%的销售和市场，4.26%的房产、建筑和物业管理，8.15%的采购贸易交通和物流，2%的媒体、印刷和设计，6%的服务业，9%的餐饮和烹饪，4.26%的其他行业。

接近半数的人理想的工作行业是生产制造业，这与其工作经历密不可分，调换工作需要付出时间、金钱、机会成本，因此，职业惯性让他们更愿意从事原有职业并在此基础上有所发展。而少部分人倾向于财务行政类行业，是出于对调换行业的思考。当然，要实现行业转换需要专业培训与学习。少部分还表示希望从事医药行业。

4）理想的工作职位

就工作职位而言，转移劳动力中有 31.91%的人更愿意成为专业人员，19.15%的人愿意成为技术人员，分别有 10.64%和 17.02%的人愿意成为一般性行政工作人员和管理人员，其他的占到 14.89%。

转移劳动力群体中有 51.06%的人理想的工作职位是专业性极强的工作岗位，他们中的绝大部分又表示，希望从事钳工、车工和汽、机电等行业。27.66%选择事务性或管理类的工作。两类工作都需要相应专业知识的积累、工作经验的补充。这与上述的培训需求调查显示的大多数具有培训意愿的现状是相互吻合的。

5）工作地点

61.7%的转移劳动力更愿意在某县内工作，有 9%的人可以接受某县附近的县的工作，分别有 2.13%和 6%的人选择了广安市和重庆市，剩余 13%选择了其他。

转移劳动力本身具有一大特点，即极强的社会流动性。但在这类人群中，超过半数希望留在某县内工作，这可能和其中大部分已婚有关。他们不喜欢离家太远的工作地点，反映其希望工作趋于稳定状态的意向。余下的大半部分仍有背井离乡、外出闯荡的想法，一方面是其自身不具备某县域经济结构所需的工作技能，另一方面反映出该群体中潜藏的巨大的职业培训需求。

6）获取理想工作的因素

47%的转移劳动力认为实用的专业技能更能帮助他们获得理想的工作，44.68%的人认为基本的职业素质很重要，另外分别有 31.91%、17.02%和 12.77%的人认为理论知识的储备、求职技巧和其他原因也很重要。

转移劳动力群体最为重视基本的职业素质，其次是实用的专业技能，再次是理论知识的储备，最后是求职技巧和其他。对于获取理想工作的因素的差异化排列可以看作该群体对于自身状态的一种反思，也可以看出其对于培训工作的需求。

7）培训内容

根据调查可知，转移劳动力希望接受的培训内容，排在前三位的分别是占 47%的资格认证培训、44.68%的专业理论知识和前沿动态、44.68%的一般工作技能，接下来是 32%的人希望接受专业技巧培训、8.51%的人愿意接受法律常识的培训，10.64%的人希望接受职业道德和规范的培训，希望接受沟通管理知识的人占到了 8.51%。

转移劳动力群体急需获得专业技术技能，因此他们表现出对获得职业资格认证的专业培训兴趣极高。同时，出于对自身理论知识匮乏的忧虑，又希望能掌握与专业相关的理论知识，把握其前沿动态。当然，对于一般性的工作技能也有相应需求。与失地农民或企业下岗员工相比，该群体从事工作的专业性程度不高，对专业工作缺乏真实体验，因此表现出比前两类人群更高的对理论知识学习的需要。

8）培训方式

调查显示，某县的转移劳动力对于培训方式的选择具有多样性：42.55%的人喜欢讲授与操作结合的授课方式，38.3%的人想在技术专家的带领下进行操作学习，27.66%的人希望接受理论专家的讲授，另外有 12.77%、10.64%和 17.02%的人分别想要互联网课程、视频课程和其他的培训方式。

转移劳动力群体同时表现出对操作技能与理论知识学习的兴趣，因此在培训方式上首先倾向于老师讲授配合实践操作与学习，其次是直接在技术专家带领下进行操作性学习，再次是由理论专家讲授。同时，对于通过互联网、视频课程等新媒体技术进行学习也表现出好奇，但这些与互联网、视频的培训课程对其也了设备的配备、自学能力都有一定的要求。

9）培训方法

同上一项的调查结果类似，大家对于培训方法的选择也具有多样性，且分布更为均匀。36.17%的人热衷于实地参观访问法，36%的人喜欢案例研究法，另有 34.04%、30%、25.53%和 10.64%的人分别更喜欢经验交流讨论法、课堂讲授法、角色扮演法和其他方法。

该群体对于培训方法的选择没有明显的差异性，表现出多元化的特点。对于实地参观访问法、案例研究法、经验交流讨论法、课堂讲授法、角色扮演法的选择并没有太大的比例区别。也可以推测，该群体对于各个培训方法及其开展过程的了解程度有待商榷。

10）培训教材

根据调查得知，大家对于培训教材特点的需求也不尽相同，53%的人看重教材的技术技能演示，46.81%的人重视教材的案例及其分析，另有 26%、21.28%和 8.51%的人分别更加看重教材的方法指导、理论知识和其他特点。

在培训教材方面，转移劳动力群体的培训需求逐渐明朗化：培训教材应是对于专业需要的技术技能的操作性演示、对于案例的讲解及分析、具体操作的方法指导。其中，仍有小部分人重视培训教材中的理论知识。总体来看，该群体最为重视具体的应用性技能和经验，同时也强调理论知识的学习。

11）培训老师

根据调查得知，大家对于培训老师的身份需求也有明显的不同，51.06%的人希望老师是行业专家，另有 30%、29.79%、32%、17%和 6.38%的人分别希望老师可以是高校教授、职业学校“双师型”教师、优秀从业人员、上级领导和其他人群。

转移劳动力群体对于理想培训教师的需要，反映出他们眼中的培训权威是行业专家。行业专家拥有丰富的工作经验，是引导行业发展的领军人物，转移劳动力向行业专家学习，是要学习较高层次的、具有全局性意义的工作技能与技巧。另外，其他的理想的培训老师包括优秀从业人员、高校教授、职业学校“双师型”教师，各个选项间的差异不大。

12）培训费用

从付费意愿上来看，某县的转移劳动力对于培训付费有不同的看法，只有 6.25%的愿意全自费学习，有 41%的人不愿意付费，另外 53.13%的人愿意承担一部分培训费用。

根据调查结果很明显地看出，73%的人不愿意参加超过 500 元的培训，有 20%的人可以接受 500～1 000 元的培训，只有 3%的人愿意接受 1 500～2 000 元的培训，愿意接受 2 000 元以上培训的人数只占 3%。

该群体超过半数者有为自身职业发展而付费投资的意识，但仍有接近半数的人根本不愿意承担自身所需培训的费用。同时，大多数转移劳动力能承受的培训费用为 500 元以下。因此，对于该类人群的培训，应该从转移劳动力服务于某县域经济的大局观来看，坚持以人为本，政府对转移劳动力的职业培训资金给予帮扶。

13）培训时长

调查结果统计显示，大部分人希望在短时间内获得较好的培训效果，48.57%的人希望培训时长为一个月以内，另有 28.57%、17%和 6% 的人希望培训在 2～4 个月、5～6 个月和 7 个月以上。

该群体希望获得 4 个月以内的全职培训的占比达 77%。转移劳动力群体面临较大的家庭经济压力，迫使其无法投入更多的时间用于职业培训。因此，针对该群体的职业培训应该把培训的整体时间控制在 4 个月以内。

14）理想的薪资

调查可知，36%的人的理想薪资处在 3 127 ~ 6 000 元之间，30.30%的人希望能获得 1 380 ~ 3 127 元的薪资，另有 27.27%和 6.06%的人分别希望薪资在 6 000 元以上和 1 380 以下。

该群体对于工资的需求在 3127 元以下的占 36.36%，3 127 元以上的为 69.7%，差异明显。该群体对于工资的期望值较高，理想的薪资既反映出转移劳动力群体内部的工资结构，如理想薪资在 1 380 ~ 3 127 元之间的人群实际工资可能低于 1 380 元，也可能在 1 380 ~ 3 127 元之间，总之未达到 3 127 元的上限。理想的薪资高于实际的薪资，是对现状不满意的反映。同时也可看出该群体对自身的能力缺乏科学定位，以至普遍的期望薪资高于实际薪资。

15）培训考核方式

调查可知，某县的转移劳动力对于理想的培训考核方式的想法也不尽相同，34%的人希望是培训心得报告方式的考核，分别有 27.66%、27.66%、25.53%、21.28%和 10.64%的人则希望考核方式为面谈、问卷调查、绩效考核、考试和其他方式。

培训考核方式之间获得赞同数最多的是培训心得报告的形式。该群体理想的培训内容仍然是以职业技能的培训为主，若选用培训心得报告的方式，对受训者而言不需考评其具体的操作技能，较省时省力，对培训老师而言则无法清晰地判定受训者对于培训内容的掌握程度，考评的主观性较强。另外，该群体在面谈、问卷调查、考试、绩效考核的方式之间没有表现出明显差异。

3.3.5　转业复员军人

军人退伍包括复员和转业两类称，士兵（8 年以内）退伍叫复员，干部和 8 年以上的士官退伍称为转业。干部转业由人事部门安排进入政府部门或事业单位工作。士兵由民政部门安排进入企业，个别的能进事业单位，进入单位后按合同工待遇。

某县一直以来都有对转业复员军人进行职业培训的传统。对该类群体进行抽样，对随机抽取的 20 名转业复员军人进行问卷调查，统计结果如下。

3.3.5.1　基本信息

1）年龄

转业复员军人的年龄构成，21 ~ 25 岁的占到了 61.9%，30 岁以上的占到 19.06%，而 26 ~ 30 岁的占 19.04%。

调查得知，转业复员军人 30 岁以下的占比达 80.4%。转业复员军人整体从年龄结构上来看，呈现出年轻化的趋势。年轻的复员军人拥有充沛的精力，纪律性较强，对于培训内容的开展具有天然优势。

2）婚姻状况

某县的转业复员军人有 43%已婚，其余 57%为未婚人士。

转业复员军人中的半数以上处于未婚状态，生活状态还未趋于模式化、稳定化。该类群体基本是初中或高中文化程度，没有受过专门的工作技能培训，对于复员后就业的职业技能培训需提上日程。

3）家庭年收入

转业复员军人的家庭年收入分布不太均衡，3 万～5 万的占到 47.62%，其余转业复员军人的家庭年收入有 28.57%处在 6 万～8 万之间，23.81%的家庭年收入在 9 万以上。

转业复员军人群体的家庭大多年收入在 3 万～9 万元之间，6 万元以上的家庭年收入人群占比为 52.38%。由此可见转业复员军人的家庭年收入居于某县当地中上水平，家庭条件较好，但复员军人之间的家庭年收入的差距较大。

4）文化程度

转业复员军人群体中，初中学历占 66.67%，高中或中专的人数比例为 23.81%。

从文化程度的统计上不难看出某县转业复员军人的受教育水平整体偏低，学历层次只包含了初中与高中（或中专）两大类，且其中的初中学历人群占据一大半的比例。基本的学历为该群体接受专门的职业培训打下了基础，学历教育已经不是该群体现阶段的主要任务，在对其进行短期培训的过程中要更加重视他们对于知识和技能的接受效果的好坏。

3.3.5.2 培训需求分析

1）待业时长

很明显，33.33%的转业复员军人待业时长为 1～6 个月，从未就过业的比例为 38.1%，待业 7～12 个月的比例为 23.81%。

某县转业复员军人中处于半年以下的待业状态人数占总人数的 71.43%，所有复员军人待业时长均在一年以内，其中，61.9%有过工作经历，小部分从未就业过。因此，对于不同待业状态的复员军人应该实施不同的培训策略，如对从未就业的复员军人群体实施职业测试，帮助其客观了解自己，进行目标性培训。

2）待业原因

某县转业复员军人中有 23.82%的人在待业原因一项中选择了“其他”，4.76%选择“不知道自己能干什么”，另外 28.57%的人将问题归结于社会因素，9.52%的人则是由于单位因素，剩余的 4.76%和 28.57%的人分别认为原因在于家庭和自身。

转业复员军人中 43.03%将待业状态归结为家庭、单位和社会原因，无论是家中事务繁忙、需要其在家帮忙，还是单位不满其工作表现或者社会无法提供令其满意的工作，都是复员军人自身无法掌控的外部因素所致；33.33%认为处于无业状态的主要原因出在自己身上，可能是工作能力的欠缺，也可能是缺乏明确的职业发展方向与目标以及欠缺合理的职业规划。

3）培训需要

调查结果显示，有 70%的转业复员军人认为有接受培训的需求，其余 30%的人认为没有接受培训的需求。

由上可以看出，调研群体中相当一部分转业复员军人都有接受职业培训的意识。但是，对于某县转业复员军人群体而言，仍然需要加强对其进行培训前期的宣传工作，使其明确在知识经济时代，终身学习是大势所趋，加强职前培训应该从思想上得到重视。

4）参加职业培训的原因

在参加培训的原因中大家各有所需，80%的人重视课程的实用程度，90%的人更加重视良好的培训师资和培训环境，40%的人认为合理的培训时间更重要，50%的人对于培训费用的合理性有关注。

转业复员军人基本上都认同良好的培训师资和培训环境在职业培训中具有毋庸置疑的地位，其次是对课程实用程度的要求，最后是培训费用、培训时间。可见该群体格外重视在培训课程中占据主导地位的教师的作用，同时看重培训课程的内容及其课程的组织实施，对于培训的要求普遍比较高。

5）理想的工作行业和工作职位

调查结果表明，某县的转业复员军人中有 30%的人更愿意从事传统的生产制造业，接下来分别是各 20%的房产、建筑和物业管理以及餐饮和烹饪，其余的占比比较小，分别是 5%的销售和市场，5%的财务行政行业，10%的采购贸易交通和物流，5%的媒体、印刷和设计，10%的服务业，5%的其他行业。

转业复员军人更愿意从事的是生产制造与建筑类行业、餐饮业，第一类行业的进入门槛较高，即要有基本的操作技能和理论的知识储备；后两类行业准入性高，但是要改变原有粗放型的工作、经营模式，与某县新型工业化建设相符合，需要具备相应的职业素养。

6）理想的工作岗位

调查表明，转业复员军人中有 20%的人更愿意成为专业人员，45%的人愿意成为技术人员，分别有 15%和 20%的人愿意成为一般性行政工作人员和管理人员。

其中，工作岗位与专业技术相关的占 65%，他们都表示机械加工技术（数控、磨具方向）、电工方面的工作对于他们而言更具有吸引力，选择行政性或事务性岗位的占 35%。对比之下可以发现转业复员军人更倾向于获得一份专业化程度高、可替代性较低的工作岗位，例如安保职位。通过职业培训，既可以掌握专业技术与技能，也能提升基本的职业素养。

7）理想的工作地

调查表明，35%的转业复员军人更愿意在某县内工作，有 10%的人可以接受在某县附近的县工作，分别有 10%和 5%的人选择了广安市和重庆市，而 40%选择了其他。

该群体中的 60%趋向于在某县及其周边县、市获取工作职位，谋求个人发展，此外还有 40%希望在其他城市中工作。工作地的不同选择与该群体的年龄结构、婚姻状况有密切关联。未婚群体有闯劲，志在四方，希望在更广阔的天地中发挥自身的价值；已婚群体为了保障婚姻家庭生活，倾向于扎根某县内，寻求职业与发展。

8）获取理想工作的因素

55%的转业复员军人认为实用的专业技能更能帮助他们获得理想的工作，70%的人认为基本的职业素质很重要，另外分别有 20%、45%和 10%的人认为理论知识的储备、求职技巧和其他原因也很重要。

首先，转业复员军人重视基本职业素质的培养，将其视为从事任何工作的必备基础。事实上，基本的职业素质有助于其快速融入不同种类的工作，同时也为其晋升提职提供了支撑；其次，该群体承认实用的专业技能和求职技巧在其求职过程中有较为重要的作用；最后是理论知识发挥的某些作用。

9）培训内容

根据调查可知，排在前四位的分别是占 50%的一般工作技能培训，希望接受专业理论知识和前沿动态的比例是 50%，另外分别有 45%的人愿意接受资格认证培训和专业技巧培训，这四部分占的比例很大，接下来是20%的人愿意接受法律常识的培训，15%的人希望接受职业道德和规范的培训，希望接受沟通管理知识的人占15%。

尽管该群体认为在求职过程中，理论知识的储备发挥的作用极其有限，但是他们仍然认为在培训过程中应该重视专业相关的理论知识及专业领域发展的前沿动态。与其占据同等地位的是Office软件操作等一般性的工作技能的掌握。接下来是专业技能的培养，包含职业资格证书的获得和专业相关的技巧经验的学习。

10）培训方式

调查显示，45%的人喜欢讲授与操作结合的授课方式，45%的人想在技术专家的带领下进行操作学习，25%的人希望接受理论专家的讲授，另外分别有30%、5%和25%的人分别想要互联网课程、视频课程和其他的培训方式。

转业复员军人在具体的课程学习中，表现出同等的重视技术专家带领下的操作学习、培训老师讲授与操作相结合的培训意愿，仍然希望理论专家教授相关的理论知识。此外，与其他人群相比，该群体对于互联网技术下的培训课程表现出较高的热情。

11）培训方法

转业复员军人中35%的人热衷于实地参观访问法，45%的人喜欢案例研究法，另分别有65%、35%、30%和25%的人更喜欢经验交流讨论法、课堂讲授法、角色扮演法和其他方法。

该群体对于培训的具体方法更偏向于经验交流讨论方法，至于其他的课堂讲授法、角色扮演法、案例研究法、实地参观访问法选择比例并没有太明显差异，表现出该群体认为职业培训方法不应趋同，可以结合具体培训课程的要求，进行多样化培训。

12）培训教材

根据调查得知，大家对于培训教材重点的需求也不尽相同，75%的人看重教材的技术技能演示，65%的人重视教材的案例及其分析，另分别有35%、20%和25%的人更加看重教材的方法指导、理论知识和其他特点。

转业复员军人对于培训教材的需求与其培训内容的需要基本吻合，希望培训教材侧重于专业技术、技能的演示与讲解，以典型案例的展现与分析为主，同时辅以方法指导，也要伴随一定的理论知识的介绍。该群体理想的职业培训教材具有应用性、可操作性、指导性、易学性等特点。

13）培训老师

根据调查得知，大家对于培训老师的身份要求也有明显的不同。30%的人希望老师是行业专家，另分别有25%、75%、32%、60%、15%和10%的人希望老师是高校教授、职业学校“双师型”教师、优秀从业人员、上级领导和其他人群。

培训老师方面，转业复员认为职业院校“双师型”教师既能传授一线工作技能与工作经验，又可以教授理论知识，满足了其职业培训两个维度上的需求。另一方面，行业优秀从业人员意味着一线工作的经验，这样的培训老师更能还原真实的工作情境，帮助培训群体快速地掌握工作要领、投入新的工作之中。

14）培训费用

根据调查显示，某县的转业复员军人对于培训付费有不同的看法，只有10%的人愿意全自费学习，另外90%的人愿意承担一部分培训费用。

根据调查结果具体显示，73%的人不愿意参加超过500元的培训，有20%的人可以接受500～1 000元的培训，只有3%的人愿意接受1 500～2 000元的培训，愿意接受2 000元以上培训的人数只占4%。

转业复员军人出于对自身职业发展进行投资的意识，均选择愿意承担职业教育所需费用，但绝大多数承担培训费用的条件为政府、单位有所分担。同时，在自身完全负担培训费用或者承担部分培训费用两种情况之下，93%转业复员军人群体能接受的培训费用上限为1 000元。

15）培训时长

调查可知，大部分人希望在短时间内获得较好的培训效果，65%的人希望培训时长为一个月以内，另有35%的人希望培训在2～4个月内结束。

转业复员军人群体期望接受职业培训，但均希望培训时间控制在4个月以内，大多数都希望培训能在1个月内完成。通过集中投入几个月的时间，能较快地获取专业操作技能及相关理论知识，这也与该群体的基本情况中的年龄构成、婚姻状况、家庭条件等相匹配。

16）理想的薪资

调查可知，70%的人可以接受薪资为1380元以下，其余30.30%的人可以接受1 380～3 127元的薪资。

该群体的理想薪资均在3127元以下，对于想要在某县当地就业的群体而言，该工资标准现实可行。对于外地工作的转业复员军人来说，这样的理想薪资反映出转业复员军人的吃苦耐劳、脚踏实地的务实主义倾向。这一群体的自身综合素质相对较高，且既重视职业操作技能，也重视职业培训理论，具有较大的发展空间与潜力。

17）培训考核试

调查可知，某县的转业复员军人对于理想的培训考核方式的想法也不尽相同，30%的人希望以培训心得报告方式的考核，另分别有 20%、30%、40%、55%和 10%的人希望考核方式为面谈、问卷调查、绩效考核、培训结束后考试和其他方式。

该群体最为主张的是采取培训后结业考试的方式，其次是平时的绩效考核，再次是与培训者面谈、问卷调查、培训心得报告。其对培训考核方式的接受程度表现出极强的现实性，具有很强的可操作性。

3.3.6 已经就业的企业在岗人员

3.3.6.1 基本情况

1）性别

该群体女性员工数占比 75%，男性员工数占比 25%，男性员工数相对于女性员工数来说偏低，只有女性员工数的三分之一。从总体上来说，性别分布不均衡。

2）婚姻状况

该群体有 58%的员工是已婚状态，有 42%的员工未婚。企业中的已婚员工和未婚员工相对持平，各占据了大概一半的比例。

3）文化程度

该群体在岗员工中，文盲占 1%，小学文化占 10%，初中文化占 45%，高中文化占 17%，技校毕业的员工占 2%，中专毕业的员工占 9%，大专毕业的员工占 13%，大学毕业的员工占 3%，没有硕士及硕士以上的员工。

调查显示，这些企业绝大部分在岗员工都是初中毕业生，只有少数员工的文化程度达到了大专或者大专以上的水平。说明这些企业选聘员工的门槛较低，员工整体文化素质偏低。而员工的整体文化水平对于一家企业发展和建设无疑是具有非常重要的意义的，所以企业在选择员工的时候应该慎重考虑。

4）健康状况

该群体有 98%的员工身体健康状况良好，体弱的员工占 2%，并无身患残疾的员工。

调查显示，员工的身体素质整体良好，但是可以看到，仍有少部分员工处于体弱状态，这部分员工应该加强自身的锻炼，以免日后影响正常工作。

5）家庭年收入

据调查，这些企业员工的家庭年收入中，2 万及以下的员工占 14.50%，3 万 ~ 5 万（不含 5 万）的员工占 20.97%，5 万 ~ 10 万（不含 10 万）的员工占 30.65%，10 万以上的员工占 4.84%。

调查显示，大部分员工的家庭收入都处于中上水平，但是仍有少部分员工的家庭收入处于低水平阶段，应该对这部分员工予以关怀。

3.3.6.2　培训需求调查

1）工作计划

近三年有更换工作的打算的员工占 8%，近三年没有更换工作的打算的员工占 49%，不确定近三年自己是否会更换工作的员工占 43%。

可以看出，近三年没有更换工作的打算的员工几乎占了一半。这些企业地处某县城中心，毗邻某县经济开发区，交通方便，而且具有先进的企业理念，多年以来对某县的经济带动，奠定了这些企业在广安市的龙头地位。各种条件使这些企业的大部分员工都乐于在此工作。另有部分员工不确定自己是否会换工作，可能是由于企业的员工管理制度不健全，还不能有足够的条件留住所有员工。有少部分员工准备更换工作，可能说明员工在企业中得不到重视或者另有其他发展自己的道路。

2）理想的工作职位

员工理想的工作职位中，有 26%选择了专业人员，选择一般行政工作人员占 15%，选择技术人员占 10%，选择管理人员占 12%，除了上述职位以外的其他职位占 36%。

由于此调查是针对企业中的员工，所以数据比较分散。有的员工偏向于实践性较强的专业课程，受到调研对象特殊性的影响，三分之一左右员工的理想职位是专业人员和技术人员的工作职位，以车工、钳工、电工和模具设计与制造为主；少部分员工希望从事一般性的行政工作，就需要进行计算机应用的培训；当然，也有一部分具有管理才能的员工希望进入管理岗位，以生产管理为主；此外还有一部分员工选择别的岗位。

3）理想的工作地

计划在某县内工作的员工占 63%，选择某县附近工作的员工占 11%，计划在广安市工作的员工占 5%，计划在重庆市工作的员工占 4%，选择在上述地点以外的其他地方工作的员工占 16%。

调查表明，接近一半的员工在三年内并不想更换工作。由于这些企业地处某县，自然有很多员工准备在某县长久地工作下去。也有一些员工计划在某县附近的县城工作或在临近的重庆市工作，还有部分员工或是职业发展规划原因，或是家庭原因等选择其他城市地点。

4）工作经历

只从事过一份全职工作的员工占 17%，28%的员工从事过 2 份全职工作，37%的员工从事过 3 份全职工作，45%的员工从事过 4 份以上的全职工作。

调查表明，大部分员工都从事过 4 份及以上的全职工作，他们进入社会后多次更换工作，最后留在目前的企业上班，说明这些企业对他们来说是一个相对较好的工作选择，他们愿意为这些企业效力。也有少部分员工第一份工作就是来到这些企业，并且至今一直在此工作，可以说，他们为这些企业的建设和发展奉献了自己的青春和热血。

5）是否参加过岗内培训

87%的员工参加过在岗工作的内部培训，13%的员工没有参加过在岗工作的内部培训。

这些企业中仍有少量员工没有参加在岗工作的内部培训，说明这些企业还存在一定的在岗工作内部培训缺口。在岗工作内部培训没有完全覆盖整个员工群体，可能会影响日后企业的整体发展。

6）培训评价

认为参加职业培训切实有效的员工占 63%，认为培训效果不明显的员工占 24%，认为参加职业培训完全没有效果的员工占 13%。

要给企业发展一杯水，自己先得有一桶水。日日学习，博学多思。员工参加职业培训的另一个原因是当今世界飞速发展，科学技术日新月异，必须时时更新知识和技能。再就是企业的发展已经不需要单一素质的员工，而是需要大批具有综合素质的员工，所以员工的职业培训是必须的，是刻不容缓的。调查表明仍有部分的员工认为培训效果不明显，甚至有员工认为参加职业培训是完全没有效果的，可见这些职业培训的有效性有待考量。

7）培训不足之处

在参加过的培训需要加强的方面中，有 30%的员工选择需求开发，有 31%

的员工选择培训组织，有 19%的员工选择训前宣灌，有 11%的员工选择教程准备，有 28%的员工选择讲授技巧，有 49%的员工选择训后跟进。

调查表明，选择训后跟进的员工最多，因此，在对员工们进行培训的同时，还要时刻关注培训后员工的需要，在培训技巧或者培训能力等方面做好训后跟进。训后跟进没有做到位，会导致很大一部分员工认为培训效果不理想。当然，还有其他的一系列因素也导致了培训效果的不理想。由此可见，只注重培训中的教程准备、训前宣灌是远远不够的，还应该着重开发员工们的培训需求以及跟进他们的训后状况。

8）培训教材评价

对于培训中所使用教材的特点，有 23%的员工认为教材偏重理论知识，36%的员工认为教材更多的是技术技能的演示，37%的员工认为教材以案例及其分析为主，41%的员工认为教材偏重方法指导，此外还有 36%的员工认为培训教材还有其他的特点。

培训过程中使用的教材很重要。而在调查中，教材的各种特点相对持平，但是企业培训应该是专注于某一项技能或者知识，所以应该选择对应的特点较为突出的教材，这样才能事半功倍。

9）影响接受培训的因素

有 42%的员工认为影响培训开展的因素是工作太忙，没有时间；有 14%的员工认为影响培训开展的因素是培训课程对工作没用，浪费时间；有 10%的员工认为是因为上级不重视培训；有 25%的员工认为是因为讲师授课水平一般；还有 47%的员工认为其他原因影响培训开展。

大部分员工认为有其他个人原因会影响自己是否会参加职业培训，可见该企业培训制度有漏洞。应该加大培训制度执行力度，使企业个人目标与集体目标协同一致，为企业的良好发展提供根本保证。

10）选择参加职业培训的原因

有 47%的员工选择参加职业培训的因素是课程的实用程度，有 41%的员工看重良好的培训师资和培训环境，有 48%的员工希望有合理的培训时间，有 33%的员工认为合理的培训费用很重要，还有 28%的员工有其他因素会影响是否参加培训。

大部分员工都比较注重合理的培训时间。由于某县县域经济的特征，很多在岗员工都是已婚人士，且需要照顾家中的小孩，因此，他们希望参加职业培训不要和正常的生活工作时间发生冲突，以避免引起生活秩序的混乱。还有部分员工希望所参加的职业培训对自己的工作能够有一定的帮助。部分员工比较看重良好的培训师资及培训环境，认为这样对提高他们的培训工作效率将很有益处。

11）有助于提高工作效率的因素

有 27%的员工认为理论知识的储备有助于提高工作效率，有 57%的员工认为基本的职业素质有助于提高工作效率，有 56%的员工认为实际操作中实用的专业技能与经验更有帮助，有 28%的员工选择一般性的工作常识，还有 3.33%的员工认为有其他因素会帮助提高工作效率。

在所有有助于提高工作效率的因素里，选择基本的职业素质和实用技能与经验的员工最多。由于此类调研对象在制造加工业岗位的人最多，因此他们认为实际操作中实用的专业技能与经验对提高工作效率有帮助。同时他们也认为，基本的职业素质才是立岗之本。

12）培训老师

有 62%的员工认为职业讲师最好，有 44%的员工选择同行权威人士，有 41%的员工选择上级领导，有 24%的员工选择其他培训人员。

调查表明，过半的员工认为培训讲师最好来自职业的讲师，在他们看来，职业讲师具有专业领域的高深知识，可以帮助他们极大地提高上岗操作效率。当然，同行权威人士和上级领导都是和自己行业领域直接相关的人物，他们对自己的工作也比较了解，因此，选择同行权威和上级领导的员工数量也不在少数。

13）培训地方

有 52.13%的员工选择在职接受公司内部培训，有 37.23%的员工选择在职接受外部培训机构培训，有 5.32%的员工选择函授，有 5.32%的员工选择脱产一段时间专门接受培训。

多数员工认为在职接受公司内部培训最好，因为他们中大多数都是生产岗位的一线员工，接触的机器设备也在公司内部。考虑到每个公司的设备设施可能有所不同，他们认为公司内部培训更有利于学习。

14）培训方法

选择课堂讲授法的员工占 23%，选择经验交流法的员工占 55%，选择角色扮演法的员工占 25%，选择案例研究法的员工占 32%，选择实地参观访问法的员工占 38%，选择其他方法的员工占 36%。

多数员工选择经验交流法和实地参观法，他们认为这种培训方法更为简单直接，而且可接受性较强。因此，多数员工希望培训方法应以实际操作为主。

15）接受培训的时间段

有 43%的员工认为可以在上班时间接受培训，有 44%的员工认为应该在下班时间接受培训，有 13%的员工认为应该在周末休息时间接受培训。

调查表明，大部分员工认为培训时间最好集中在上下班时间。因为在周末休息时间，他们都有种种个人和家庭因素影响他们接受培训，而且周末接受职业培训的话，很容易导致没有得到充足的休息而产生疲劳，使上班效率低下。

16）职业培训的时长

有 45%的员工认为培训时长在 1 个月以内最合理，有 45%的员工认为 2～4 个月最合理，有 10%的员工认为 5～6 个月的培训时长最合理，还没有员工认为培训时长应该在 7 个月以上。

一定比例的员工觉得职业培训是有必要参加的，但是接受职业培训的时长不宜过长，最好是在 1 个月以内。有相同比例数的员工认为培训时间在 2 到 4 个月比较合理，他们认为上岗操作机器设备需要稍长一点的时间才能熟练，以免发生安全事故。

17）是否愿意付费

有 2%的员工选择愿意承担全部培训费用；有 65%的员工选择在政府或单位承担一部分的情况下，愿意承担部分；还有 33%的员工不愿意承担费用。

调查表明，仅有极少数的员工愿意自己承担全部培训费用。可见，政府或单位加大对职业培训的投入非常必要，培训费用的设置也应该科学合理。

18）培训费用

有 63%的员工能承担 500 元以下的培训费用，有 24%的员工能承担 500 元到 1 000 元的培训费用，有 4%的员工能承担 1 000 元到 2 000 元的培训费用，没有能够能承担 2 000 元以上培训费用的员工。

超过 1 000 元的培训费用使很多员工望而却步。考虑当地员工的薪资水平，合理设置培训费用迫在眉睫。

19）理想薪资

选择 1 380～3 127 元的员工占 22%，选择 3 127～6 000 元的员工占 45%，选择 6 000 元以上的员工占 33%。

相比能承担的培训费用而言，很多员工都希望自己的薪资水平在 3 127

元到 6 000 元之间，这批员工脚踏实地，在立足于当地经济和企业发展的基础上提出了自己的薪资期望。也有部分员工期望薪资能超过 6 000 元，他们本着多劳多得的观念，认为只要吃苦耐劳，随着企业的发展，自己的奉献也应该得到相应的报酬。

20）理想的评估方式

选择与受训者面谈的员工占 19%，选择培训效果问卷调查的员工占 24%，选择培训心得报告的员工占 24%，选择培训结束后进行考试的员工占 19%，选择绩效考核的员工占 35%，选择其他方式评估的员工占 43%。

员工们普遍认为绩效考核是最直接的培训评估方式，这也与当地的经济发展呈显性相关。很多企业给员工发放工资都是计件原则，也就是多劳多得，因此，员工也认为培训评估用绩效考核更好。培训评估应根据员工差异进行，对于那些对培训有较多体会的员工可以让他们写心得报告，对于书面表达能力欠缺的员工可以考虑进行面谈评估等。

3.3.7 公办职业学校教师

本项目采取简单随机抽样，在某县的 4 所公办职业学校中抽取了某县职业中学 1 所进行培训需求的调研。该学校现有校级干部 3 人，中层干部 14 人，设有党总支、工会、党政办公室、教务处、实训处、政教处、招生就业处、团委、藏区“9+3”办、总务处等中层机构，班子结构合理，职业教育和技能培训管理经验丰富，团结充满活力，而且师资力量十分雄厚。该学校现有教职员工 167 人，其中文化基础课教师和专业教师 135 人。高级教师为 44 人，中级教师 60 人，初级教师 31 人；“双师型”教师 68 人，其中中级工 22 人，高级工 37 人，技师 9 人。本项目调研对象覆盖该校全体教师，均对本次调研问卷进行了填写，对问卷结果统计分析后可以得出以下结论。

3.3.7.1 基本信息

1）性别

该校女性教师数占比 46%，男性教师数占比 54%。

女性教师数相对于男性教师数来说偏低，但男女教师数都很接近 50%的占比，从总体上来说，性别分布比较均衡。

2）婚姻状况

该校共有 87%的教师是已婚状态，另有 13%的教师未婚。

3）文化程度

该校教师文化程度，大学本科毕业的教师占 91.67%，文化程度为专科的教师占比 8.33%。

该校教师绝大部分都是大学毕业，只有少数教师的文化程度为专科。说明该校选聘教师的门槛较高，教师整体文化素质过硬，这样的教师整体文化水平对于支撑一所职业学校的理论发展和建设无疑具有非常重要的意义。

4）健康状况

调查显示，有 96.67%的教师身体健康状况良好，体弱的教师占 3.33%，并无身患残疾的教师。

5）家庭年收入

调查显示，该校教师的家庭年收入中，2 万及以下的教师占 3.17%，3 万到 5 万（不含 5 万）的教师占 22.22%，5 万～10 万（不含 10 万）的教师占 52.38%，10 万以上的教师占 22.22%。

除去极少数老师家庭困难，该校教师家庭年收入呈现正态分布。绝大部分的教师家庭年收入集中在 5 万至 10 万之间，属于中等收入群体；中下水平（3 万～5 万之间）和中上水平（10 万以上）都占一定的相同比例。值得注意的是，还有少数教师家庭年收入在 2 万以下，如何帮助他们提高生活质量成为一个不可忽视的问题。只有在生活质量有保障的前提下，教师才有精力去钻研教学，提升教学水平。

3.3.7.2　培训需求调查

1）工作计划

近二年有更换工作打算的教师占 8.33%，近三年没有更换工作打算的教师占 75.83%，不确定近二年自己是否会更换工作的教师占 15.83%。

可以看出，近三年没有打算更换工作的教师占大多数。该校地处某县城中心，毗邻某县经济开发区，交通方便。该校具有先进的办学理念，多年来出色的中职学历教育和职业技能培训工作奠定了它在广安市的龙头地位。各种硬件条件和软件条件使该校大部分教师乐于在此工作。有少部分教师准备更换工作或是不确定自己是否会更换工作，说明该校在教师管理方面仍存在一定欠缺，让他们失去了在此工作的归属感。

2）理想工作职位

在教师理想的工作职位中，有 40.04%选择专业人员，选择一般行政工作人员的占 8.26%，选择技术人员的占 25.69%，选择管理人员的占 11.01%，选择上述职位以外的其他职位者占 20.18%。

由于此调查是针对职业中学的教师，他们大部分教授的课程都偏向于实践性较强的专业课程，比如农技和服装类课程，所以受到调研对象特殊性的影响，有较大比例的教师的理想职位是专业人员和技术人员的工作职位，例如与财会和建筑方面相关的职位；少部分教师希望进入一般性的行政工作的岗位，当然，也有一部分具有管理才能的教师希望从事管理工作。

3）理想工作地

计划在某县内工作的教师占 82.5%，选择某县附近的县的占 1.67%，选择在广安市工作的教师占 5%，计划在重庆市工作的教师占 5%，选择除了上述地点以外的其他地方占 5.83%。

调查表明大部分教师在三年内并不想更换工作，有很多教师是准备在某县长久地工作下去。有部分教师计划在广安市或临近的重庆市工作，还有少部分教师或是职业发展规划原因，或是家庭原因等选择其他城市地点。

4）工作经历。

只从事过一份全职工作的教师占 80%；另有 12.5%的教师从事过 2 份全职工作，4.17%的教师从事过 3 份全职工作，3.33%的教师从事过 4 份以上的全职工作。

大部分教师只从事过一份全职工作，说明他们进入社会第一份工作就是来到该校，并且一直在此工作，可以说，他们为该校的建设和发展奉献了自己的青春和热血。部分老师的人生第一份工作不在该学校，但是该校对这部分老师具有一定的吸引力。还有少量的教师从事过 4 份以上的全职工作，学校应该加强对这部分教师的人文关怀。

5）培训经历

92%的教师参加过在岗工作的内部培训，8%的教师没有参加过在岗工作的内部培训。

该校仍有少量教师没有参加在岗工作的内部培训，说明该校还存在一定的在岗工作内部培训缺口，可能会影响日后的教学工作。

6）培训评价

认为参加职业培训切实有效的教师占 42.5%，认为培训效果不明显的教师占 48.33%，认为参加职业培训完全没有效果的占 4.17%。

要给学生一杯水，自己先得有一桶水。教师参加职业培训的重要原因是当今世界飞速发展，科学技术日新月异，所以教师必须时时更新知识和技能，单一素质的教师已经不能满足当今教学工作需求了。教师的职业培训是必须的，是刻不容缓的。调查表明，接近一半的教师认为培训效果不明显，甚至有教师认为参加职业培训是完全没有效果的，可见这些职业培训的有效性有待考量。

7）培训需加强地方

在参加过的培训需要加强的方面中，有 45.83%的教师选择需求开发，有 15.33%的教师选择培训组织，有 3.33%的教师选择训前宣灌，有 15%的教师选择教程准备，有 15%的教师选择讲授技巧，有 20.83%的教师选择训后跟进。

在所有教师们认为参加过的培训需要加强的方面中，选择需求开发的教师最多。可见，在对教师进行培训时，由于需求开发没有做到位，导致很大一部分老师认为培训效果不理想。当然，还有其他的一系列因素也导致了培训效果的不理想，例如还有一部分教师选择了训后的跟进。由此可见，只注重培训中的培训组织讲授技巧是远远不够的，还应该开发教师们的培训需求以及跟进他们的训后状况。

8）影响培训的因素

有 37.5%的教师认为影响培训开展的因素是工作太忙，没有时间；有 20%的教师认为影响培训开展的因素是培训课程对工作没用，浪费时间；有 19.17%的教师认为是上级不重视培训；有 8.33%的教师认为是讲师授课水平一般；还有 18.33%的教师认为有其他原因影响培训开展。

部分教师认为是平时工作太忙，没有时间接受职业培训，还有部分教师认为有其他原因影响接受职业培训，这个现象说明一个问题：企业培训制度没有很好地执行。如果有培训制度，并且培训制度与一定的奖惩机制挂钩，那么教师也不会表现得如此松散，也就不会抽不出时间接受培训。还有部分教师认为培训课程对工作没用，浪费时间，说明培训课程内容从开发到编制都缺乏一定的吸引力和实用性。

9）选择参加职业培训的因素

59.17%的教师选择参加职业培训看重的是课程的实用程度，有 36.67%的教师看重良好的培训师资和培训环境，有 16.67%的教师希望有合理的培训时间，有 7.50%的教师则认为合理的培训费用很重要，还有 7.5%的教师选择其他因素会影响是否选择参加培训。

大部分教师都比较注重课程的实用程度，他们希望所参加的职业培训对自己的工作能够有帮助。还有一部分教师认为，在一次职业培训过程中，培训讲师的水平高低和培训环境的好坏将直接影响培训效果，因此这部分教师比较看重良好的培训师资及培训环境。另外，由于教师们多数处于已婚状况，除了工作，他们还需要照料家庭生活，因此，他们认为培训的时间也应该合理化。最后，也有教师反映培训费用的高低将决定他们是否参加职业培训，因此，应尽量考虑培训的针对性，可设置精英培训和普通培训，区别受训教师群体，不能按照传统的模式盲目笼统地进行。

10）有助于提高工作效率的因素

有 55.83%的教师认为理论知识的储备有助于提高工作效率，有 54.17%的教师认为基本的职业素质有助于提高工作效率，有 80%的教师认为实际操作中实用的专业技能与经验更有帮助，有 21.67%的教师选择一般性的工作常识，还有 3.33%的教师认为有其他因素会帮助提高工作效率。

在所有有助于提高工作效率的因素里，有好几个因素都有不少教师选择。例如，约有八成的教师认为实际操作中实用的专业技能与经验对提高工作效率有帮助。面对经济新常态，很多用人单位招聘员工时为了节约培训成本，喜欢聘用应用能力好，实践经验多的员工。当然，其他的个人素质，例如理论知识储备，基本的职业素质，品行和为人处事的态度也越来越受到重视。只有教师整体提升综合素质，才能帮助学校更好更快地发展。

11）培训讲师

有 34.17%的教师认为职业讲师最好，有 65.83%的教师选择同行权威人士，有 2.50%的教师选择上级领导，有 4.17%的教师选择其他培训教师。

过半的教师认为培训讲师最好来自同行权威，因为在他们看来，优秀骨干教师具有先进的教育理论基础与实践经验，并且工作圈子都属于教育领域，很多教育方法和理念可以轻松迁移，帮助受训者提高解决问题的能力，改善工作行为，因此同行权威是最受教师们青睐的培训讲师。另外，也有部分教师认为职业的讲师更好，职业讲师拥有别的讲师没有的感染力，他们能从职业讲师那里习得激情，更重要的是，可帮助受训者获得心理上的感悟，而不是单纯地取悦受训者，因而职业讲师富有使命感和责任感。只有极少数教师选择上级领导和其他培训讲师，然而上级领导和其他培训教师并不适合给教师做培训。

12）培训的方式

有 17.39%的教师选择在职接受内部培训，有 30.43%的教师选择在职接受外部培训机构培训，有 2.61%的教师选择函授，有 49.57%的教师选择脱产一段时间专门接受培训。

调查表明，接近五成的教师愿意选择脱产一段时间专门接受培训，他们觉得如果要接受职业培训，就不能三心二意，培训工作的进行势必会对往后的工作有很大帮助，可见，这部分教师非常重视职业培训在自己职业发展中的作用。

13）培训方法

选择课堂讲授法的教师占 47.5%，选择经验交流法的教师占 63.33%，选择角色扮演法的教师占 22.5%，选择案例研究法的教师占 57.5%，选择实地参观访问法的教师占 65.83%，选择其他方法的教师占 5%。

多数教师选择经验交流法和实地参观法，他们认为这种培训方法更为简单直接，而且可接受性较强。因此，多数教师希望培训方法应以实际操作为主。

14）培训的时间段

关于培训的时间段，43%的教师认为可以在上班时间接受培训， 44%的教师认为可以在下班时间接受培训，13%的教师认为应该在周末休息时间接受培训。

多数教师认为 应该在下班时间结束职业培训，因为如果培训在上班时间进行，可能会打乱原有的教学计划和教学秩序。也有部分教师认为可以在周末休息时间接受培训。

15）培训时长

关于接受职业培训的时长，有 55.56%的教师认为培训时长在 1 个月以内最合理，有 24.79%的教师认为 2～4 个月最合理，有 16.24%的教师认为 5～6 个月的培训时长最合理，还有 3.41%的教师认为培训时长在 7 个月以上更好。

大多数教师觉得职业培训是有必要参加的，但是接受职业培训的时长不宜过长，最好是在一个月以内。因为培训时长过长可能会影响正常的工作和生活秩序。

16）是否愿意付费

关于是否愿意为职业培训付费，有 5%的教师选择愿意承担全部费用；有 55.83%的教师选择在政府或单位承担一部分的情况下，愿意承担部分；还有 39.17%的教师不愿意承担费用。

考虑到培训费用可能过高的问题，仅有极少数的教师愿意自己承担全部培训费用。有五成以上的教师表示在政府或单位承担一部分的情况下，自己愿意承担一部分培训费用。因此，加大政府或单位对培训的重视及投入非常必要，培训费用的设置也应该更加科学合理。

17）培训费用

在培训费用方面，有的教师能承担500元以下的培训费用，有的教师能承担500～1 000元的培训费用，有的教师能承担1 000～2 000元的培训费用，还有的教师能承担2000元以上的培训费用。

18）理想薪资

选择1 380～3 127元的教师仅占0.83%，选择3 127～6 000元的教师占25%，选择6 000元以上的教师占74.17%。

相比能承担的培训费用而言，很多教师都希望自己的薪资超过6 000，这显然是非常不科学的。教师们大多希望以最少的培训付出得到最大的薪资水平，从根本上反映了部分教师在付出与薪酬收入问题上的认识还不够合理。

19）培训评估方式

关于教师认为较为理想的评估方式，选择与受训者面谈的教师占51.67%，选择培训效果问卷调查的教师占 10%，选择培训心得报告的教师占 19.17%，选择培训结束后考试的占 15.83%，选择绩效考核的教师占12.5%。

教师们普遍认为与受训者面谈是最直接的培训评估方式。因为这样的评估将获得一手资料，由培训讲师和受训群体亲自参与，具有客观真实性和高度的保密性。而选择问卷调查的教师相对较少，他们认为问卷的开发与设计本身就带有一定的难度，而且问卷的填写有可能导致资料失真，最后的评估结果就会失去高信度和高效度。

3.3.8 民办职业学校教师

民办职业学校作为民办职业教育的重要组成部分，在国家“积极鼓励、大力支持、正确引导、加强管理”方针的指导下，不断发展，从新生力量到形成规模，具有一些自有的特点，并在一定范围内具有较大的影响力。教师培训是教师建设与发展的重要形式，对民办职业学校的教学建设起着非常重要的作用。通过对教师培训的研究，探索民办职业学校的师资水平、培养模式以及教育管理体制，具有重要的实践意义。本项目针对某县的民办职业学校教师，在某县抽取某理工职业技术学校进行民办职业中学教师培训需求的调研。该校在专业设置、设施设备、专业师资力量、就业渠道等方面广受好评。该校现有专职教师 65 人，其中“双师型”教师 32 人。调研对象覆盖该校全体教师，教师均对本次调研问卷进行了填写，对问卷结果统计分析后可以得出以下结论。

3.3.8.1 基本信息

1）性别

该校女性教师占比 83%，男性人数占比 17%。女性教师数相对于男性教师数来说偏高，性别分布严重失衡。

2）婚姻状况

该校未婚教师占据绝对大部分比例，共有 80%的教师是未婚状态，另有 20%的教师未婚。

3）文化程度

该校教师文化程度，博士毕业的教师占比 2.17%，大学毕业的教师占比 17.39%，文化程度为大专的教师占比 50%，中专毕业的教师占比 30.43%。

该校教师绝大部分是大专和中专毕业生，拥有大学以及大学以上文化程度的教师相对偏少。说明该校教师整体文化素质一般，选聘教师的门槛也不高。学校师资力量的整体水平还需要提高，这样才能具有支撑一所职业学校的理论发展和建设。

4）健康状况

调查显示，该校有 97.83%的教师身体健康状况良好，身患残疾的教师占 2.17%，并无体弱的教师。

可以看到，仍有少部分教师处于身体残疾状态，对于这部分特殊教师群体，应进行有针对性的、具有高度人文关怀的培训。

5）家庭年收入

该校教师的家庭年收入中，2 万及以下的教师占 20%，3 万到 5 万（不含 5 万）的教师占 33.33%，5 万 ~ 10 万（不含 10 万）的教师占 33.33%，10 万以上的教师占 13.33%。

除去极少数家庭困难的教师，该校教师家庭年收入呈现正态分布。绝大部分的教师家庭年收入集中在 3 万 ~ 5 万元和 5 万 ~ 10 万元，属于中等收入群体；收入在 2 万及以下的教师和收入在 10 万以上的教师的比例大致相同。值得注意的是，对少数家庭年收入在 2 万以下的教师，如何帮助他们提高生活质量成为一个不可忽视的问题，因为只有在生活质量保障的前提下，教师才有精力去钻研教学，提升教学水平。

3.3.8.2　培训需求调查

1）近三年是否有更换工作的打算

近三年有更换工作的打算的教师占 8.51%，近三年没有更换工作的打算的教师占 36.17%，不确定近三年自己是否会更换工作的教师占 55.32%。

该校地处某县城中心，毗邻某县经济开发区，交通方便。各种硬件条件和软件条件使该校很多老师都乐于在此工作。但仍有五成以上的老师不确定自己是否会更换工作或者准备更换工作，说明该校在教师管理方面存在一定的欠缺，让他们失去了在此工作的归属感，或者他们在此教学期间体验不到教学的乐趣。

2）理想的工作职位

在教师理想的工作职位中，有 45.45%选择了专业人员，选择一般行政工作人员的占 2.27%，选择技术人员的占 11.36%，选择管理人员的占 20.45%，其他职位占 20.45%。

此调查是针对职业中学的教师，他们大部分教授的课程都偏向于实践性较强的专业课程，例如财会和建筑类课程。鉴于自身工作的特殊性，有较大比例的教师的理想职位是专业人员和技术人员的工作职位，例如农技方面和服装方面的工作职位。反之，与专业人员的工作职业有很大区别的行政工作职位，就没有受到教师们的青睐。可见教学理论进修也需要加强。

3）计划的工作地点

计划在某县内工作的教师占 32.61%，选择某县附近县的占 2.17%，计划在广安市工作的教师占 8.70%，计划在重庆市工作的教师占 19.57%，选择其他地方的占 36.96%。

调查表明，有的教师并无更换工作的打算，所以选择继续在某县工作；有大部分教师或是由于职业发展规划原因，或是由于自身的其他原因，计划在其他地方工作，该校应加强对这部分教师的关怀，才能减少教师的跳槽率和离职率。

4）工作经历

只从事过一份全职工作的教师占 54.55%，另有 15.91%的教师从事过 2 份全职工作，15.91%的教师从事过 3 份全职工作，11.36%的教师从事过 4 份以上的全职工作。

一半以上的教师只从事过一份全职工作，说明这部分教师从进入社会开始，就在该校工作至今。但调查也表明，大部分教师希望去别的城市发展，职业认可度较低。因此，这部分的教师可能只是基于自身原因暂时没有离职。该校应着重加强对这部分教师的职业培训，结合一定的奖励机制，努力让他们爱上自己的第一份工作。

5）是否参加过内部培训

62%的教师参加过在岗工作的内部培训，38%的教师没有参加过在岗工作的内部培训。

调查表明，该校仍有三成多的教师没有参加在岗工作的内部培训，说明该校的在岗工作内部培训没有覆盖整个教师群体，应该加强对这部分教师的在岗工作培训，因为培训工作不到位很有可能会影响日后的教学工作。

6）评价参加过的职业培训

参加过在岗工作的内部培训的教师中，56.25%的教师认为培训切实有效，34.38%的教师认为培训效果不明显，9.37%的教师认为培训完全没有效果。

近一半的教师认为职业培训效果不明显，甚至还认为培训完全没有效果，反映出该校职业培训存在比较大的问题，所以学校应该重视培训，把培训工作落到实处，而不是流于形式。

7）参加过的培训需要加强的地方

在参加过的培训中，25.53%的教师认为培训在需求开发方面需要特别加强，32.61%的教师认为在培训组织方面需要特别加强，10.64%的教师认为在训前宣灌方面需要特别加强，27.66%的教师认为在教程准备方面需要特别加强，42.55%的教师认为在讲授技巧方面需要特别加强，19.15%的教师认为在训后跟进方面需要特别加强。

该校大部分教师认为应该加强解决开展职业培训过程之中的一些问题，例如，培训组织和讲授技巧需加强，说明培训过程可能存在一些诸如培训讲师水平不高、培训管理散乱和培训环境布置简陋等不足。

8）培训教材

关于在职业培训中所使用教材的特点，17.02%的教师认为教材更偏重理论知识，29.79%的教师认为教材以技术技能的演示为主，25.53%的教师认为教材是以案例及其分析为主，40.43%的教师认为教材偏重方法指导，17.02%的教师认为教材还有其他的特点。

大部分教师认为培训所使用的教材都偏重于方法指导，而理论知识较为薄弱，这种现象对于一所职业院校来说是不太科学合理的。因为理论知识具有指导实践操作的作用，当今科学技术的更新速度激增，如果理论知识薄弱，落后于科技更新的速度，将导致陷入学不懂，不会用的困境。只有一手抓理论，一手抓实践，才能真正办好职业教育。

9）影响接受职业培训的因素

有 36.17%的教师认为影响培训开展的因素是工作太忙，没有时间；有 23.4%的教师认为影响培训开展的因素是培训课程对工作没用，浪费时间；有 10.64%的教师认为是上级不重视培训；有 17.02%的教师认为是因为讲师授课水平一般；还有 48.94%的教师认为有其他原因影响培训开展。

部分教师认为是平时工作太忙，没有时间接受职业培训，还有更大比例的教师认为有自己其他原因影响接受职业培训，这个现象可以直接说明企业的培训制度有漏洞。只有很好地制定并执行培训制度，才能解决教师因私误公的问题。还有部分教师认为培训课程对工作没用，浪费时间，说明培训课程内容缺乏一定实用性。当然，还有教师认为是讲师授课水平影响他们参加职业培训，可见，提高培训讲师的准入门槛也势在必行。

10）选择参加职业培训的因素

38.3%的教师选择参加职业培训的因素是课程的实用程度，有 44.68%的教师看重良好的培训师资和培训环境，有 36.17%的教师希望有合理的培训时间，有 34.04%的教师则认为合理的培训费用很重要，还有 34.04%的教师有其他因素影响是否选择参加培训。

大部分教师都比较注重培训的师资和环境，可见，这部分教师十分重视培训的外部条件，由于该校大部分教师都是职业教育专业科班出身，他们自身已有良好的职业素养，因此对课程的实用程度等因素并不太在意，故而需要加强培训的师资以及着力改善培训环境。

11）有助于提高工作效率的因素

有 53.19%的教师认为理论知识的储备有助于提高工作效率，有 38.3%的教师认为基本的职业素质有助于提高工作效率，有 53.19%的教师认为实际操作中实用的专业技能与经验更有帮助，有 19.15%的教师选择一般性的工作常识，还有 12.77%的教师认为有其他因素会帮助提高工作效率。

约有五成的教师认为实际操作中实用的专业技能与经验和理论知识的储备对提高工作效率有帮助，这说明教材的理论知识稍显薄弱，而理论知识对于教师来说又是不可或缺的提高工作效率因素。现在很多用人单位招聘员工为了节约培训成本，都喜欢聘用应用能力强，实践经验多的员工。在这个以人才竞争为中心的时代，综合素质应受到各方重视。

12）培训讲师

对培训讲师的选择，有 57.45%的教师认为职业讲师最好，有 36.17%的教师选择同行权威人士，有 14.89%的教师选择上级领导，有 10.64%的教师选择其他培训教师。

过半的教师认为职业的讲师更好，因为在他们看来，职业讲师富有使命感和责任感，而且因为他们经常全国各地巡回做培训，对受训群体的心理状态应该把握得比其他讲师好。部分的教师认为自己也是职业教育中的一员，同行可能在做培训的时候会带入个人相对偏激的观点，失去培训的意义和价值，因此选择同行权威的教师要比选择职业讲师的人少一些。还有少量的教师选择上级领导和其他培训教师。

13）培训方式

对于培训的方式，有 29.31%的教师选择在职接受学校内部培训，有 31.03%的教师选择在职接受外部培训机构培训，有 10.34%的教师选择函授，有 12.07%的教师选择脱产一段时间专门接受培训。

有相对较多的教师愿意在职接受外部培训机构的培训，结合其他选项调查，有 57.45%的教师认为应选职业讲师，来做培训有 44.68%的教师看重良好的培训师资和培训环境，可以看出，该校教师不太满意本校的教学水平以及教学环境等一系列“硬件”和“软件”条件，他们渴望去看去听去学习外部的东西，但仅有 12.07%的教师愿意脱产一段时间专门接受培训。可见，学校教师普遍觉得自己的专业水准高，而对整体教师的水准又持不满意的态度。这是个人利益与群体利益非常矛盾的地方，学校应该予以重视。

14）培训方法

在培训方法方面，选择课堂讲授法的教师占 25.53%，选择经验交流法的教师占 42.55%，选择角色扮演法的教师占 25.53%，选择案例研究法的教师占 40.43%，选择实地参观访问法的教师占 46.81%，选择其他方法的教师占 12.77%。

多数教师选择经验交流法和实地参观法，他们认为这种培训方法更为简单直接，而且可接受性较强。因此，培训方法应切合教师的需要，重点以实际操作为主。

15）愿意接受培训的时间段

关于培训的时间段，37.25%的教师认为可以在上班时间接受培训，11.76%的教师认为可以在下班时间接受培训，41.18%的教师认为应该在周末休息时间接受培训。

多数教师认为培训时间不应该占用下班时间，如果培训在下班时间开展，工作劳顿和疲乏会使培训效果打折。因此，多数教师认为应该在上班时间或者周末休息时间进行职业培训。

16）接受职业培训的时长

有40%的教师认为培训时长在1个月以内最合理，有34%的教师认为2～4个月最合理，有26%的教师认为5～6个月的培训时长最合理，还有12%的教师认为培训时长在7个月以上更好。

大多数教师觉得职业培训是有必要参加的，但是接受职业培训的时长不宜过长，最好是在一个月以内。如果培训时长过长，可能会产生疲劳效应，不仅得不到应有的培训效果，而且将影响正常的工作和生活秩序。

17）是否愿意付费

关于教师是否愿意为职业培训付费，有16%的教师选择愿意承担全部；有40%的教师选择在政府或单位承担一部分的情况下，愿意承担部分；还有28%的教师不愿意承担费用。

该校大部分教师都能意识到培训的重要性，愿意为培训付费，而且其中部分教师愿意自己承担全部培训费用。有四成教师表示在政府或单位承担一部分的情况下，自己愿意承担另一部分培训费用。因此，政府或单位需要加大对培训的重视，对不愿意承担培训费用的教师应进行合理引导和补助。

18）培训费用

有29.17%的教师能承担500元以下的培训费用，有29.17%的教师能承担500元～1 000元的培训费用，有18.75%的教师能承担1 000元～2 000元的培训费用，还有12.50%的教师能承担2 000元以上的培训费用。

调查表明，教师们能承担的培训费用普遍偏低，集中在1 000元以下。因此，培训费用的设置应考虑到教师的实际经济能力和心理预设。

19）理想薪资

选择 1 380 元以下的教师占 12.24%，选择 1 380 ~ 3 127 元的教师占 10.20%，选择 3 127 ~ 6 000 元的教师占 36.73%，选择 6 000 元以上的教师占 28.57%。

大部分教师都希望自己的薪资在 3 127 元 ~ 6 000 元之间，也有部分教师理想薪资在 6 000 元以上。值得注意的是，理想薪资在 3 127 元以下的教师群体也不少，这类教师群体脚踏实地，想法比较实际，很好地切合了当地的经济发展状况。

20）培训评估方式

教师认为较为理想的评估方式，选择与受训者面谈的教师占 40.43%，选择培训效果问卷调查的教师占 44.68%，选择培训心得报告的教师占 25.53%，选择培训结束后考试的教师占 21.28%，选择绩效考核的教师占 21.28%，选择其他评估方式的教师占 14.89%。

教师们普遍认为问卷调查是最有效的培训评估方式，其次是与受训者面谈。相比于选择培训结束后考试的教师群体，他们觉得面谈和问卷都更直接简便，而且获得的资料也更快捷。对这部分教师应该加强训后跟进，以加深他们对培训内容的印象。也有部分教师选择培训心得报告和绩效考核，他们认为心得报告和绩效考核较其他方式能深层次地反映他们在培训中的认知。

3.3.9 公民办幼儿园教师

本次调查项目考虑到要覆盖某县尽可能广的地域范围，因此，首先采用分层抽样的方法将幼儿园归类，又采取简单抽样的方法，最终选择了某县东方实验幼儿园和丰禾中心幼儿园的教师进行调研。某县东方实验幼儿园 2013 年 3 月经某县教育局批准成立，是一所配套齐全、设施一流的高品质幼儿园。该校幼儿 200 余名名，全职教师 7 名。丰禾中心幼儿园地处某县丰禾镇，共有师生 500 余名，是当地师生规模最大的幼儿园，教学水平也得到一致好评。通过对这两个幼儿园的教师进行培训需求的调研，得到如下结果。

3.3.9.1 基本信息

1）性别

女性教师数占比 100%。两所幼儿园女性教师数占据全部教师总人数，可见由于受到幼教职业特殊性的影响，教师的性别分布极其不均衡。

2）婚姻状况

该幼儿园已婚教师占据了大部分比例，共有 73%的教师是已婚状态，另有 27%的教师未婚。

3）文化程度

在教师文化程度中，大学毕业的教师共占 31.82%，文化程度为大专的教师占比 59.10%，中专占比 4.55%，初中占比 4.55%。

教师一半以上都是大专院校的毕业生，也有部分教师的文化程度为中专和初中。说明幼儿园选聘教师的门槛较低。幼教是人一生中的启蒙教育，而公办幼儿园外聘教师和民办幼儿园教师身份“尴尬”，没有职称评定的机会，缺少专业自主成长的主动性，导致优秀幼儿教师流失严重。新进教师由于入学门槛不高，素质普遍较低，部分公民办幼儿园的从业人员甚至没有幼儿教师资格证书，直接影响了学前教育质量。

4）健康状况

两所幼儿园有 95.45%的教师身体健康状况良好，体弱的教师占 4.55%，并无身患残疾的教师。

由于幼教工作的特殊性，工作是面向充满朝气的小朋友们，这就要求教师也应具有相应的蓬勃朝气。因此，针对体弱的部分教师，应要求他们平时应注意加强自身的锻炼。

5）家庭年收入

该群体的家庭年收入中，2 万及以下的教师占 46.67%，3 万～5 万（不含 5 万）的教师占 26.67%，5 万～10 万（不含 10 万）的教师占 26.67%，10 万以上的教师占比为 0。

相当一部分的教师家庭年收入在 2 万以下，属于低收入群体；中下水平（3 万～5 万）和中等水平（5 万～10 万）都占一定的相同比例。值得注意的是，近年来幼儿园教师素质整体下滑。幼师培训学校招生门槛越来越低，甚至已经没有底线，许多幼师生不仅文化素养偏低，在敬业精神、专业技能、专业追求等方面也不尽如人意。或许收入水平就能很好地说明这个问题。或许正是因为收入偏低，导致岗位失去绝对的吸引力，高素质人才教师不愿进入幼教岗位。如何帮助幼教工作者提高生活质量，解决工资待遇成为一个不可忽视的问题。

3.3.9.2 培训需求调查

1）近三年是否有更换工作的打算。

近三年没有更换工作打算的教师占 54.55%，不确定近三年自己是否会更换工作的教师占 45.45%。

调查看出，近三年没有更换工作打算和不确定更换工作的教师占比相当，他们当中，甚至有的没有证书，没有经验，没有成家，只有对教育事业的一腔热忱！即使工资待遇低也无怨无悔，可以想见，这样的教育存在自下而上的结构性问题，是非常悲哀的。

2）理想的工作职位

在教师理想的工作职位中，有 45.45%选择了专业人员，选择一般行政工作人员占 4.55%，选择技术人员占 9.1%，选择管理人员的占 18.18%，除了上述职位以外的其他职位占 22.73%。

由于此调查是针对公民办幼儿园的教师，他们教授的课程都是面向幼儿，受调研对象鉴于自身职业特殊性，有较大比例的教师理想的职位是专业人员的工作职位；无论是教师的年龄结构还是他们面向的对象的年龄结构都偏低，所以对于年轻教师来说，她们希望尝试做一些其他的岗位工作。

3）计划的工作地点

计划在某县内工作的教师占 77.27%，计划在重庆市工作的教师占 9.1%，选择除了上述地点以外的其他地方的占 13.64%。

由于并没有幼儿教师计划在三年内更换工作，自然有很多教师是准备在某县常驻。也有部分教师计划在临近的重庆市工作，还有少部分教师或是职业发展规划原因，或是家庭原因等选择了其他城市地点。

4）工作经历

只从事过一份全职工作的教师占 68.18%，有 27.27%的教师从事过 2 份全职工作，有 4.55%的教师从事过 3 份全职工作。

大部分教师只从事过一份全职工作，可以说明他们从学校出来之后的第一份工作就是到该校任教。幼儿园的建设与发展都离不开他们的努力与奉献。部分老师的人生第一份工作不在该学校，但是至今仅从事过两份全职工作，说明该校对这部分老师还是具有一定的吸引力。由于幼儿教师的年龄结构一般偏低，社会阅历和人生经历还不充足，因此，几乎没有教师从事过 4 份以上的全职工作。

5）是否参加过在岗工作的内部培训

86.36%的教师参加过在岗工作的内部培训，13.64%的教师没有参加过在岗工作的内部培训。

该校仍有极少量教师没有参加在岗工作的内部培训，应该在保持现有状态的基础上继续加强幼儿教师的在岗工作的内部培训。

6）评价参加过的职业培训

认为参加职业培训切实有效的教师占 54.55%，认为培训效果不明显的教师占 45.45%。

7）参加过的培训需要加强的地方

在参加过的培训需要加强的方面中，有 63.64%的教师选择需求开发，有 36.36%的教师选择培训组织，有 36.36%的教师选择训前宣灌，有 36.36%的教师选择教程准备，有 54.55%的教师选择讲授技巧，有 40.91%的教师选择训后跟进。

由于幼儿教师群体以女性为主，年龄结构特殊，学校应该多注重开发幼儿教师这些特征下的培训需求，加大对他们的卫生保健技能、营养学、急救知识方面的培训尤为重要。还有一部分教师选择了训后的跟进，由此可见，在注重培训开发的同时也需要重视训后跟进。当然，注重培训过程中的培训组织讲授技巧也是非常重要的。

8）培训教材的特点

教师以前参加过的培训中，认为教材特点是偏重理论知识的占 36.36%，有 40.91%的教师认为是技术技能的演示，有 54.55%的教师认为是案例及其分析为主，有 40.91%的教师认为是方法指导，有 9.10%的教师认为是其他。

大部分幼儿教师都认为以前参加过的培训的教材特点是案例分析和技术技能的演示为主，因为案例分析和技术技能的演示，是最能让小朋友直观地学习的方式，而且最重要的一点是，讲案例和演示技术技能能够激发小朋友强烈的好奇心和求知欲。

9）影响接受职业培训的因素

有 59.10%的教师认为影响培训开展的因素是工作太忙，没有时间；有 22.73%的教师认为影响培训开展的因素是培训课程对工作没用，浪费时间；有 4.55%的教师认为是上级不重视培训；有 4.55%的教师认为是讲师授课水平一般；还有 36.36%的教师认为有其他原因影响培训开展。

调查显示，大部分的教师认为影响接受职业培训的因素是因为平时工作太忙，没有时间接受职业培训。这是很多群体都存在的一个问题。要想解决这个问题，就需要安排合理的培训时间，避免与教师正常必要的工作生活时间相冲突。幼儿教育本来具有特殊性，其中，最大的一个特点就是幼教需要直接和小朋友进行大量的互动，不论是言语互动还是肢体互动。职业培训的课程很难与工作直接挂钩，因此有部分教师认为培训课程对工作没用，浪费时间。

10）选择参加职业培训的因素

77.27%的教师选择参加职业培训的因素是课程的实用程度，有 68.18%的教师看重良好的培训师资和培训环境，有 4.54%的教师希望有合理的培训时间，有 4.54%的教师则认为合理的培训费用很重要，还有 46.36%的教师有其他因素会影响是否选择参加培训。

大部分教师都选择了课程的实用程度，教师们都非常看重培训课程和工作的契合度，因此，培训应该着力响应教师的要求。由于幼教都是女性，对于培训的环境方面要求比较高。

11）有助于提高工作效率的因素

有 63.64%的教师认为理论知识的储备有助于提高工作效率，有 63.64%的教师认为基本的职业素质有助于提高工作效率，有 18.18%的教师认为实际操作中实用的专业技能与经验更有帮助，有 21.67%的教师选择一般性的工作常识，还有 3.33%的教师认为有其他因素会帮助提高工作效率。

大部分幼儿教师都认为理论知识有助于提高工作效率，其中，理论知识主要是指幼儿的心理与行为方面的知识。只有在这些理论知识的指导下，幼教才能根据他们的特征合理地进行引导与教学。很大一部分幼教都认为基本的职业素质对于提高工作效率非常关键。

12）培训讲师

有 63.64%的教师认为职业讲师最好，有 63.64%的教师选择同行权威人士，有 18.18%的教师选择上级领导，有 4.55%的教师选择其他培训教师。

大多数教师认为职业讲师和同行权威人士更适合成为他们的培训讲师，他们认为同行权威和职业讲师具有丰富的实践经验，以后对待小朋友能更有针对性地教导。

13）培训的方式

有 22.73%的教师选择在职接受公司内部培训，有 50%的教师选择在职接受外部培训机构培训，有 27.27%的教师选择脱产一段时间专门接受培训。

相对较多的教师愿意在职接受外部培训机构的培训，可以看出，该校教师不太满意本校的建设。他们更愿意从外部去学习。另外，愿意在职接受公司内部培训的教师数量和脱产一段时间专门接受培训的教师数量相当，学校应该把握这个机会，搞好校内培训的建设。

14）培训方法

在培训方法方面，选择课堂讲授法的教师占63.64%，选择经验交流法的教师占 72.27%，选择角色扮演法的教师占 40.91%，选择案例研究法的教师占 72.27%，选择实地参观访问法的教师占 72.27%，选择其他方法的教师占4.55%。

幼儿教师队伍充满活力，几乎每一种培训方法都很受青睐。培训应该灵活采用多种方法开展，通过多种方法帮助受训教师集体加深对培训内容的记忆。

15）接受培训的时间段

有 70.27%的教师选择接受培训的时间段为上班时间，有 13.64%的教师选择接受培训的时间段为下班时间，有 13.64%的教师选择接受培训的时间段为周末休息时间。

大部分幼儿教师认为上班时间最适合接受培训，由于作息时间的规律及惯性，他们认为周末休息时间及下班时间精神集中度不高，不利于培训效果的产出。

16）接受职业培训的时长

有 77.27%的教师认为培训时长在 1 个月以内最合理，有 9.10%的教师认为 2～4 个月最合理，有 13.64%的教师认为 5～6 个月的培训时长最合理。

大部分教师觉得职业培训是有必要参加的，但是接受职业培训的时长最好控制在 1 个月内。只有极少数教师认为时间太短不利于学习并内化大量的新知识和新理念，而如果培训时长过长，也容易疲劳，因此他们觉得培训时间在 2 个月到 4 个月更为合理。还有部分教师认为培训时间在 5～6 个月最佳，可以学习并内化大量的新知识和新理念，又有充足的时间对所培训的内容进行自我检验。

17）是否愿意为培训付费

有 50%的教师选择在政府或单位承担一部分的情况下，愿意承担其余部分；还有 50%的教师不愿意承担费用。

由于幼儿教师收入普遍偏低，一半的教师不愿意承担费用。另一半的教师则表示在政府或单位承担一部分的情况下，自己愿意承担一部分培训费用。

政府和单位应该针对该教师群体的收入状况制定合理的职业培训。

18）培训费用。

有 77.27%的教师能承担 500 元以下的培训费用，有 22.73%的教师能承担 500 ~ 1 000 元的培训费用。

19）理想薪资

理想薪资在 1 380 ~ 3127 元的教师占 18.18%，选择 3 127 ~ 6 000 元的教师占 31.82%，选择 6000 元以上的教师占 50%。

可以看到，一半的幼教都希望自己的薪资在 6000 以上，他们既不愿承担任何培训费用又希望得到很高的薪资，可见他们并没有脚踏实地地工作。培训应加强这类人群的吃苦精神和奉献精神培养。另外部分教师的理想薪资比较贴近当地经济发展的实际，应适当地给予鼓励和奖赏。

20）培训评估方式

关于教师认为较为理想的评估方式，选择与受训者面谈的教师占 45.45%，选择培训效果问卷调查的教师占 68.18%，选择培训心得报告的教师占 22.73%，选择培训结束后考试的教师占 4.55%，选择绩效考核的教师占 18.18%，9.10%的教师选择了其他的培训评估方式。

多数教师选择问卷调查的方式进行培训评估，与选择培训后考试的教师群体相比，这类教师认为问卷调查轻松简便，而考试稍显严肃紧张。对于选择问卷的教师，可以对他们采取半结构式的问卷，以便更全面地了解他们对培训内容的掌握情况。

4 培训需求建议

4.1 为适应某县“十三五”推进人才需求规划的总体培训建议

要实现中国梦，城镇化是重要基础。在统筹城乡发展的时代背景下，新型城镇化坚持实施可持续发展战略，实现人口、资源、环境、发展四位一体的有机协调，实现城乡公共服务均质化，加快城乡一体化进程，以建设现代城市和社会主义新农村的共同任务为出发点，推动社会经济发展方式转型，建立集群型、循环型、低碳型、生态型和可持续的城乡协调发展新模式。城镇化的核心和要义是实现人的城镇化，是人的素质的综合提高和适应城镇化需求。

随着“川渝合作实验区”建设的深度推进，随着广安市城镇化进程加快和某县经开区的建设发展，某县的就业岗位需求不断增加，预计每年将递增 2 000 人次劳动力，这些新增劳动力需要技能培训。同时城镇化带来的大量失地农民以及军转人员、企业下岗失业人员需要就业培训和转岗培训，现有企业在岗人员、城镇就业困难群体、初始就业的高（中专）毕业生也需要规范的技能培训，公立或私立职业学校及幼儿园的教师等也需要提高培训。某县目前的培训现状：一是培训数量不够，每年只有千人左右；二是培训质量不高，项目单一，主要针对农民工初级工培训；三是培训单位多头，且以民办机构为主，质量堪忧；四是设备落后，甚至有的民办培训机构没有设备，空对空培训；五是管理手段落后，资金使用效率不高。因此，高度重视劳动者技能培训工作，提高某县公共就业服务水平，进一步加快某县公共培训基地建设尤为迫切。

某县公共培训中心的主要任务就是以企业新增劳动力人群、失地农民、军转人员、企业下岗失业人员、城镇就业困难群体、初始就业的高（中专）毕业生、公立或私立职业学校及幼儿园教师等为目标受益人群，通过专业机构和专业师资对他们开展短期或长期的高质量的专业技能培训，提高他们就业或再就业的适应能力，解决企业劳动力不足问题，解决这部分目标人群就业困难等问题，为某县全面建成小康社会、广安市全面城镇化提供智力支持和人才支撑，为川渝合作提供示范效应。

4.2　九类人群培训建议

2016 年是我国“十三五”时期的开局之年。近年来，国家一直关注各类人群的就业情况。我国拥有巨大的人口资源，按照近年来广为流行的人力资源理论，经济发展的基础要素既包括物力资本，也包括人力资本，随着知识经济的发展，物力资本将退居其次，人力资本在运用、开发知识进行创造上，具有巨大的生产潜力。我国“十三五”规划纲要明确提出：实施就业优先战略。将劳动力素质提升行动、高校毕业生就业促进和创业引领、农民工职业技能培训、特殊就业人群职业培训、公共就业创业服务体系建设列为我国“十三五”期间的“促进就业”行动计划。某县在实现新型工业化转型、城镇化速度加快的发展背景下，需要对县域经济的九类主要劳动力进行职业培训，其中贫困人口不低于培训总人数的 20%，以提升劳动者素质，为某县域经济的转型与持续发展提供不竭动力。依据前面的调研成果，对某县九 9 类人群五年内培训建议见表 4-1。

表 4-1 九类人群五年内培训建议简表

培训人群	培训人数(未来三年累计数额,其中至少包含不低于20%的贫困人口数)	培训重点	培训建议
未就业的有就业需求的初高中毕业生	1 700	培训需求开发 计算机应用 财会 电工 物流操作及管理 汽修 机电 养老护理 服装	明确培训需求，树立培训意识； 加强课程建设，提供专业化培训； 加强过程控制，保障培训质量
失地农民	600	农技 计算机应用 创业培训 服装制作与生产管理 旅游管理 烹饪 家政服务	注重政府引导，实施市场化运作； 职业技能培训为主，适应某县产业需要； 引导失地农民培训需求，储备人力资源； 开展创业培训，实现失地农民转型发展
企业下岗员工	750	计算机应用 数控车工 电子信息 汽修 机电 轻纺 服装制作与生产管理 家政服务	实行政府保障、培训中心实施、企业买单的运作机制； 实施分类培训，提高培训效益
转移劳动力	750	培训需求开发 钳工 车工 汽修 机电 家政服务 医药	加强职业培训，增强转移劳动力就业优势； 提升培训需求，增强培训参与度
转业复员军人	300	计算机应用 机械加工技术(数控、磨具方向) 电工 保安(复员军人为主)	充分调动地方教育资源，提升转业复员军人的专业能力； 完善培训机构，满足培训需求

续表

培训人群	培训人数（未来三年累计数额，其中至少包含不低于20%的贫困人口数）	培训重点	培训建议
已就业的企业在岗人员	2 300	计算机应用 车工 钳工 电工 模具设计与制造 生产管理 电子	培训应着力宣传教育，深化职工思想认识； 创新培训方式方法，激发职工学技练功上下功夫； 培训应畅通发展通道，搭建职工成才舞台； 确定企业员工培训的费用预算，落实到各个部门
公办职业学校老师	500	教学理论进修 机械类、信息类、电子类、公共事务与艺术类专业进修 服装 财会 建筑 农技	改进培训设施，满足培训需求； 开展管理人员培训，提升管理理念，开阔视野； 开展师资培训，改进教学方法； 特色培训项目设计与实施
民办职业学校老师	500	教学理论进修 机械类、信息类、电子类、公共事务与艺术类专业进修 服装 财会 建筑 农技	加强民办职业学校的师资队伍建设； 搞好市场调研，准确发展定位； 国家重视民办职业学校教师培训，加大资助力度； 鉴于此类学校在设备投资方面数额甚大，需要有雄厚的财力作基础； 培训课程设置的内容和方向应主动服务于经济的发展
公民办幼儿园教师	1 150	学前教学理论进修 卫生保健技能 营养学 急救知识	培训理念方面，使培训更具自主性、选择性和实效性； 培训内容方面，要有针对性差异性； 培训师资方面，坚持“走出去”和“请进来”的原则； 培训的方式方法，应以参与互动式培训为主

4.2.1 未就业有就业需求的初高中毕业生培训建议

未升学且有就业需求的初高中毕业生群体在某县适龄初中升高中、高中升大学的青少年群体中占据的比例较小，但每年近 2 000 人的该群体规模却不小。随着高中段教育的逐步普及和高校招生规模的逐步稳定，某县有相当一部分普通高中毕业生未能升入高等学校而直接进入社会。初升高的比例尽管在不断提高，但每年还是有部分初中毕业生未经培训直接进入社会。这批初、高中毕业生由于没有经过系统的职业技能培训，人口资源未能转化为某县的人力资源优势，成为四处流动的求职大军。而随着某县新兴工业化的转型、城镇化速度的加快，某县域经济企业中的“用工荒”的呼声却越来越强烈。

1）培训人数

2017 年至 2019 年期间，某县公共培训中心预计共培训未升学、有就业需求的初高中毕业生 1700 人，其中，2017 年度培训 300 人、2018 年度培训 600 人、2019 年度培训 800 人。在考虑到某县公共培训中心现有条件的基础上，应有计划地对未就业的初高中毕业生进行职业培训并逐年增加培训人数，不断提高接受职业培训的学生在初高中毕业生中所占比例。

2）培训重点

根据某县打造成为川渝经济的“桥头堡”的发展定位，结合某县“十三五”发展期间的产业结构，参考未就业初高中毕业生的生理、心理特点，应该注重该群体的培训需求开发，在培训内容上侧重于计算机应用、财会、电工、物流操作及管理、汽修、机电、养老护理、服装等专业。

4.2.1.1 明确培训需求，树立培训意识

某县公共培训中心作为全县公共培训事业的承担机构，对初高中毕业生的培训起着主导作用。对初高中毕业生的抽样调查结果显示，该群体的学生刚告别学校，步入社会，年龄在 16～18 岁的居多，基本没有工作经验，家庭负担较重，对自身缺乏职业规划和明确的求职目标，对就业市场缺乏理性的认识。种种基本情况致使该群体缺乏对自身与市场的合理认识，就业期许过高，流动性大。因此，对于这个群体而言，职业培训不仅是一种技术技能、专业领域的培训，更是一种明确认识自身定位，适应就业环境，树立恰当的就业观念的教育。

1）明确培训需求

对未升学的初、高中毕业生实行技能培训，基础工作是组织生源。为了保证生源，某县公共培训中心要着力抓好中、高考报名和中、高考结束后这

两个黄金时间，根据生源组织情况分春、秋两季办班。春季班主要是针对高中会考后未报名参加高考的高中生，直接由普通高中学校组织报名，送相关培训基地学习；秋季班的对象是高、中考后未升学的学生。

某县公共培训中心需要在政府政策的支持下，每年对初高中毕业生进行例行调研，在某县 51 所初中、8 所高中的协助下，对没有升学愿望、缺乏升学能力的学生进行职业兴趣测量，测量工具可采用国际通行的《霍兰德职业兴趣量表》，并对该类学生群体建立个人档案，分析其个人能力结构、兴趣爱好，明确其培训需求。

2）树立培训意识

针对初高中毕业生潜在培训需求者的个人档案，规划职业生涯课程。为其提供个性化的职业发展建议，结合其职业发展兴趣与自身能力等综合因素，明确其工作行业，推介 2～3 种工作岗位。介绍该类工作行业环境、工作待遇、工作条件、工作要求。使其在具体的课程中明确自身定位，掌握行业动态，从而树立起更为清晰的职业发展规划，认识到接受职业培训的必要性和紧迫性。

4.2.1.2　加强课程建设，提供专业化培训

该群体毕业生中希望从事的行业偏向于第三产业，工作职位方面希望从事一线生产的人数占据一半。调查显示，吸引初高中毕业生参加培训的主要因素是课程、培训教师、培训环境、培训时间安排。

1）培训专业市场化

培训课程的开设应该做到：紧贴市场需求，充分考虑市场变化和劳动力需求，开设就业前景好的专业；紧贴本地产业发展和学生意愿，开设汽修、数控、电子、计算机应用、车工、钳工等专业，学生可根据培训计划自选培训基地和培训专业。

2）培训课程实用化

初高中毕业生希望培训课程是切合实际的，因此培训课程不应该是理论知识的长篇介绍，要结合专业需求，对专业知识的传授采取操作性学习，对基本职业素质的培养使用理论与案例相结合的方式。同时，根据实用性课程的具体要求，以职业学校“双师型”教师为主，辅以行业专家，配备培训课程师资。培训时间宜设定为半年以上，以帮助该群体实现学生身份向企业职员之间的顺利过渡。培训结束之后，采取笔试与操作考试相结合的方式。

4.2.1.3　加强过程控制，保障培训质量

初高中毕业生青春洋溢，活力四射，具有旺盛的学习精力和较强的学习

能力，但是他们的学习动机需要进一步教育，提升其职业培训过程中的自主性、纪律性。为了使职业培训的开展切实有效，需要做好培训过程控制。包括培训实施纪律的制定、培训考核规则的制定，不能以传统的终期考核为唯一的依据，要结合培训课时安排，明确规定总课时数、公共基础课与专业技能课的课时比例、专业技能课中的理论课时与实践（含实验、实训）课时比例、企业实习课时等，引入日常考核机制，保证培训效果。

4.2.2 失地农民培训建议

在推进城镇化进程中，某县大批农民失去了土地资源，参与到就业竞争之中去。客观地说，大部分村民没有掌握职业技能。因此，要推进某县城镇化建设，要让村民在城镇能够站稳脚跟，唯一的选择是开展针对失地农民的职业技能培训。某县的失地农民的状况为：男性为主，大多数处于已婚状态，年龄结构上呈现年轻化趋势，文化程度集中在小学、初中两阶段，待业原因多归为社会因素，对培训课程的实用程度、师资和环境认同度最高，想要从事第三产业中的专业类岗位，既重视专业理论也重视专业技能的学习，希望在行业专家和高校教授的引导下进行学习。

1）培训人数

2017—2019 年，预计某县公共培训中心可对 600 名失地农民进行针对性的职业培训，每年可计划培训 200 名失地农公民，结合其职业发展需要，提供个性化的培训服务。

2）培训重点

失地农民群体表现出转换行业的需要，他们渴望将培训与所获得的资金赔偿相结合，因此，对于该群体一方面需要加强其创业培训，另一方面，对那些有技术需求的失地农民，应该注重加强其在农技、计算机应用、创业培训、服装制作与生产管理、旅游管理、烹饪、家政服务等方面的培训。

4.2.2.1 政府注重引导，实施市场化运作

开展对失地农民的职业培训工作，是转变失地农民的就业观念，提高职业技能和就业能力的必要手段，是实现城乡就业一体化的重要环节。某县政府相关部门既要加强引导，又要出台配套政策，支持某县公共培训中心积极参与对失地农民的职业培训工作，并保障政府购买社会化培训成果。具体来说，要把某县公共培训中心设立乡镇培训分点，把培训送到农民家门口，促使每个乡镇的培训中心分点全天候服务，全方位开课。同时，要充分尊重失

地农民的意愿，通过就业市场分析、就业观念引导，让他们自愿参加培训、自主选择专业。

4.2.2.2 职业技能培训为主，适应某县产业需要

在某县当地就业是失地农民就业的首选，也是就业成本较低的一种选择。因此，开展对某县失地农民的职业技能培训，不能脱离当地的经济社会发展实际，要有针对性地设定一批重点职业技能培训科目，以便于职业技能培训与就业相衔接，使经过职业技能培训的失地农民比较顺利地选择职业实现就业。

一方面实行“菜单式”和“订单式”培训，结合某县当地企业在“十三五”期间对人才结构的需求状况，以市场需求和失地农民需要来制订培训方案，确定培训内容，切实提高培训劳动力就业率；另一方面开展多层次培训，根据失地农民的年龄、文化水平、求职意愿等不同情况，分层次开展培训，侧重于文化知识、经营知识、职业技能及创业技能等方面培训，促进失地农民向不同领域转移就业。

4.2.2.3 引导失地农民培训需求，储备人力资源

公共培训中心对失地农民的培训要适当超前于当地产业发展的需要。近年来某县不断招商引资，通过招商项目，带动一方经济发展，帮助一批失地农民就业。某县政府相关部门在立项审批时，尤其是对于占用农民土地的项目，要引导企业与劳动部门签订劳动用工合同，在开工奠基时与培训机构签订培训合同，在投入运营时与培训合格的失地农民签订劳动合同。建立起失地农民中，劳动力资源、企业用工需求、培训机构培训能力三者联动和对接的机制，有效帮助失地农民成功转变为职业人。

4.2.2.4 开展创业培训，实现失地农民转型发展

失地农民在获取了经济赔偿之后，拥有较殷实的资本。因此该群体在职业选择的问题上，表现出职业转换的倾向，希望不再从事一线的生产性工作。基于此，该部分群体经过相关培训后，可以成为某县当地响应国家“创新创业”要求的主力。通过创业培训，使学员树立创业理念、增强创业意识、掌握创业技巧、提高创业能力，促进学员提高经营水平，扩大经营规模，领办经济合作组织，创办农业企业，培养和造就一批具有“较高专业技能、较大生产规模、较强创业能力”的高素质、创业型农民，为现代农业发展和社会主义新农村建设提供有力的人才保证、智力支持和产业支撑。

4.2.3 企业下岗员工的培训建议

“下岗职工”是我国经济转型时期出现的一个特定概念，主要指由于企业经营原因造成职工在本企业无岗位，在社会上没有就业，而又有就业愿望的人员。为保障下岗职工劳动权利的充分实现，党和政府实施下岗职工再就业工程，提供职业培训和职业介绍服务，促进下岗职工再就业。同时，各级政府制定一系列优惠措施，鼓励用人单位招用下岗职工和下岗职工自谋职业或组织起来就业。党和政府尽最大的努力为下岗职工再就业权利实现提供广泛保障。

某县企业下岗员工的现状是：女性为主，绝大多数处于已婚状态，年龄结构上呈现年轻化趋势，文化程度集中在初中、高中两阶段，待业原因多归为社会因素，对培训课程的实用程度、师资和环境认同度最高，想要从事传统的生产制造业的专业类岗位，最为重视专业技能的学习，希望在“双师型”教师和优秀从业人员的指导下着重学习相应的技术技能。

1）培训人数

自 2017 年起到 2019 年截至，某县公共培训中心可以每年培训 250 人，三年共计培训企业下岗职工 750 人。由于企业下岗员工的数量不断减少，特别是国有企业改制以后该群体在某县劳动力中所占比例大为减少。现阶段而言，该群体主要为由于企业原因导致失业的劳动力群体。

2）培训重点

根据企业下岗员工的培训需求，结合该群体素质较高、呈现年轻化趋势的现状，可以着重培训企业下岗员工下列职业知识：计算机应用、数控车工、电子信息、汽修、机电、家政服务、轻纺和服装制作与生产管理等。

保证实现下岗员工群体的培训目标，需做到如下方面。

4.2.3.1 实行政府保障、培训中心实施、企业买单的运作机制

国有企业下岗员工拥有再就业的权利与意愿，国有企业有义务保障其员工的再就业权益。某县公共培训中心受县内有关单位的委托开展企业下岗员工的职业培训，并接受有关部门的监督与检查。政府要出台相关配套措施，保障公共培训中心在当地的下岗员工培训中发挥主要作用。应采取培训补贴、减免税收等政策大力鼓励具备资质的培训机构开展再就业培训。培训中心负责下岗员工的职业培训的组织、实施与考核，与劳动部门合作，针对国有大型企业的下岗员工再就业需要，根据劳动力市场的需求状况，制定企业下岗失业人员的培训任务。当然，企业需要在这一过程中承担起社会责任，为助

力下岗员工的再就业提供经费资助。政府、公共培训中心、企业三位一体，方能形成良性运行机制，产生更高的培训效益。

4.2.3.2　实施分类培训，提高培训效益

职业培训机构应树立以人为本的服务意识，对下岗失业人员的再就业培训，应从其自身条件和实际需求出发，区别对待，实行分类指导、分类培训，以提高服务效率。

对于年轻的失业者，因今后继续工作的时间较长，具备深造条件的，可偏重提高学历的培训，应帮助他们参加有学历的正规成人教育，全面提升其人力资本的含量，而不是仅仅参加短期的应急培训。对具有一定文化程度的青年下岗失业人员，可以组织其参加新技术领域的培训和创业培训。对于年龄偏大、文化基础和技能水平较低、家庭负担重的下岗失业人员，应对其进行实用性强、技术难度较低、见效快的应急培训，使他们能很快重新就业。

对于就业困难者，需要给予耐心细致的职业指导或培训，使他们找到合适的工作。职业介绍机构对所有的求职者都要热忱相待。分类指导、分类培训与热忱相待的结合点就是要以人为本，为每一个求职者提供个性化的服务。

对具有创业意识、创业能力的下岗失业人员以进行创业培训为主要内容，对于不具备上述能力的下岗失业人员则以实用技能培训为主，在实用技能培训中，针对中年下岗人员，考虑到其体力等因素，要以较简单的家政培训、社区服务培训作为主要的培训内容。

4.2.4　转移劳动力的培训建议

农村转移劳动力可以增加家庭收入、改善家庭生活，是推动城市化、工业化的主要力量。某县农村劳动力具有离开土地，向第二、第三产业转移的新趋势。某县在新城镇化建设过程中将带来新兴产业发展、传统产业转型升级，新技术、新工艺、新科技的推广与应用。这种新的产业经济发展变化势必需要一批掌握新技术、新设备功能、新操作方法的具有较高职业技能和一定职业素养的新型产业工人。在产业经济转型升级和生产技术革新过程中，迫切需要具备相应职业技能与劳动素养的劳动者。

某县转移劳动力的现有情况为：性别差不大，半数集中在40岁以下，绝大多数已婚，家庭年收入为中下水平，以小学和初中学历层次为主，将待业原因归结外单位、社会和家庭等外部原因，看重课程的实用性，想要从事传

统制造中的专业技术类岗位。

1）培训人数

2017—2019年的三年时间，公共培训中心的目标培训人数可为750人，每年至少培训250名转移劳动力。转移劳动力群体庞大，但自身接受职业培训的意识并不强烈，故要结合该群体的现状，逐步展开对该类人群的短期职业培训工作。

2）培训重点

该群体表现出明显的实用主义倾向，希望能通过培训，改变过去单纯从事体力劳动的事实。但是该群体普遍担心培训所需的时间、金钱成本，对该群体进行职业培训首先要重视培训需求开发，其次是加强诸如钳工、车工、汽修、机电、家政服务、医药等方面的技能培训。

为实现预期培训目标，应该注意以下两点。

4.2.4.1 加强职业培训，增强转移劳动力就业优势

企事业用人单位既是转移劳动力的使用部门，更应该成为承担劳动力资源职业能力培训任务的主体。在产业经济转型升级过程中，传统劳动力简单工种也越来越难以适应当前经济发展的需要，作为用工主体的企业既是用工主体，更应该承担起农村转移劳动力的培训责任。企业可以通过自行组织或者与中高职院校、社会培训机构合作，开展农村转移劳动力职业教育与培训，如通过共建培训基地或培训中心等形式开展订单培训、定需培训、定岗培训等。

4.2.4.2 提升培训需求，增强培训参与度

某县农村劳动力转移培训潜在需求巨大。在比较收益的驱动下，大量农村劳动力有转移到县城或其他城市就业的愿望。但转移劳动力的实际素质和技能水平还不能与大规模转移就业的要求相适应，而且随着我国制造业等用工量大的行业专业化、信息化水平的不断提高，这种不适应还将进一步加大，技能培训日益成为实现农村劳动力转移就业的关键环节。但受自身观念影响、支付能力不高、国家补贴力度偏小等因素的影响，农民接受转移培训的潜在需求难以快速向现实需求转化。调研显示，该群体中有接受职业培训需求者占半数以上，对于该群体实施职业培训需要把握两点：注重需求开发。该群体的需求是潜在的、巨大的，但受到种种外界条件的限制，导致其接受职业培训的动力不足。要引发其自我发展、自我实现的人生需求，将潜在的发展动机转化为显性的培训需要；第二，提供经费保障。某

县公共培训中心承担着对本县转移劳动力进行职业培训的责任，但培训中心的师资力量、硬件设施等跟不上现有的巨大的培训缺口。这需要政府一方面加强对公共培训中心的经费保障，另一方面注重对参加培训的转移劳动力群体进行培训补助，减轻其接受职业培训期间的经济负担，这样方能有效满足我国巨大的农村劳动力转移培训需求。

4.2.5　转业复员军人培训建议

我国根据退出现役方式的不同，将退役分为转业和复员，在退役安置上区别对待。对于转业军人而言，退役安置的大环境发生变化，对军人自身的素质提出新的要求。改革开放以来，我国国有企业因兼并、破产和转制，所能提供的岗位数量大幅下降。随着公共管理体系的健全完善，政府机关对人才提出更高的要求，制定了严格的程序。退役军人技能水平与用人单位要求之间存在差异，市场环境对人才的知识结构的要求与部队存在相当的差异。只有通过教育和培训，提高自身素质，退役军人才能适应社会主义市场经济的发展要求。因此，要加强对军人的就业培训力度，提高其自主就业能力，不能固守政府安置工作的老路。

转业复员军人的现状及培训需求为：30 岁以下为主，半数未婚，文化程度以初中、高中为主，将待业原因归结为社会及自身，对职业培训的选择主要受课程、师资的影响，希望在传统制造、建筑业中从事专业技术类工作岗位工作，重视职业素养的培养和实际工作技能的养成。

1）培训人数

自 2017 年起，预计未来三年某县公共培训中心对转业复员军人的培训总人数达到 300 人，每年至少培训 100 人。

2）培训重点

对于退伍军人，应加强其计算机应用、机械加工技术（数控、磨具方向）、电工方面的短期职业培训。结合某县不断发展的第二产业的现实情况，应该注重对复员军人进行安保方向的职业培训。

转业复员军人进行职业培训，应该做到以下两点。

4.2.5.1　充分调动地方教育资源，提升转业复员军人专业能力

国家和政府高度重视转业复员军人的培训，应将地方教育系统纳入培训工作中，与培训中心合作共建，形成完善全面的培训制度。调整好培训中心与县内其他部门企业的关系，例如，在培训中心硬件设施比较齐全的情况下，可以与企业配合，邀请培训科目方面的行业专家开设课程，形成良好的合作；

或者开设的网络培训平台接受远程教育，培训中心负责监督考核评分和颁发证书等事务性工作。要在培训中心中设置较短学时的各种专业类型的课程，使复员军人尽快适应社会需求。此外，对于有意愿参加职业培训的转业复员军人军人，应当在政策优惠之外再加上一定的经济支持，鼓励复员军人通过学习提高自身素质，增强社会竞争力。

4.2.5.2 完善培训机构，满足培训需求

在公共培训中心下设职业促进工作室，职业促进工作室可以下分到各个乡镇并设立相应的分支机构。该机构在某县专管转业复员军人的办公室的协助下，每年都对转业复员军人进行调查和咨询，把有关培训的课程、内容详细介绍给每一位退役士兵。转业复员军人的培训需求调查结果显示，该类群体拥有较强的接受培训的自主性，自身综合素质较强。希望通过职业培训提升工作技能和自身职业素养。因此，对转业复员军人的培训要求结合其个人的志愿与需要，适当调整培训课程和内容。培训中心应包含理论教学课堂，还有操作实习车间，培训老师既讲理论也指导实践，满足复员军人较高的培训需求。

4.2.6 企业在岗员工培训建议

企业在岗员工是一个数量庞大的群体，包括了第一产业、第二产业、第三产业的所有企业在岗工人，因此，对该类人群进行职业培训，其培训重点应把握：第一，培训人数。2017—2019 年，某县公共培训中心有能力培训 2 300 名企业在岗员工，帮助其实现自身的职业发展需求。其中，2017 年度培训 450 人、2018 年度培训 750 人、2019 年度培训 1 100 人。随着某县公共培训中心软硬件设施的完善，应该有能力逐年增加企业在岗人员的培训数量；第二，培训重点。为了实现企业在岗员工的职业发展需求，应该结合其工作岗位实施培训，培训要侧重于第二产业，专业涉及计算机应用、车工、钳工、电工、模具设计与制造、生产管理以及电子等。

要设立企业的培训负责部门，并且在下属部门设定专职或兼职的培训联络员，建立培训管理工作网络。为实现预期培训目标，应注意以下 4 点。

4.2.6.1 培训应着力宣传教育，深化职工思想认识

从调研结果可以看出，企业员工的文化程度构成主要以初中毕业生为主，他们的培训意识不强。从事过 4 份以上全职工作的企业员工占比接近 5 成，可见员工的跳槽率非常高，他们并没有清楚的职业规划。对这一群体，

首先，需要紧密结合企业实际，有针对性地开展国情、企情、厂情教育，培养职工为国家、为企业做贡献的价值取向，全面提高职工的思想政治素质、组织管理能力和工作业务水平；其次，以提高职工文化知识、提高现代工业技能的综合素质为目标，以创建劳模工作室、职工创新工作室、“工人先锋号”为平台，紧紧围绕培养肯钻研、善探索、掌握现代生产技术的劳动者这一主题，调动职工学业务、练技能的积极性，提高职工技术革新和管理创新能力，培养、造就一支具有高超技艺和精湛技能的职工人才队伍。

4.2.6.2 创新培训方式方法，激发职工学技练功意识

一是通过整理职工学历、职称档案及召开座谈会等形式，全方位调查职工技能培训需求，详细了解和掌握不同层面、不同知识结构的职工所拥有的技能程度、个人特长、知识积累、发展方向等情况，找准职工对技能培训的需求，制定技能培训计划，完善技能培训模式，做到技能培训形式多样化、技能培训对象层次化、技能培训方法多元化、技能培训内容实用化，增强技能培训的针对性，确保技能培训工作贴近实际，取得实效；二是根据企业发展，建立远程教育培训网络，加快远程教育网络培训管理平台的开发，通过计算机网络实现远程教学，以满足职工个性化、自主化、经常化学习的需求，多层次、多渠道地提高职工文化素质和岗位技能。

4.2.6.3 培训应畅通发展通道，搭建职工成才舞台

一是坚持“唯才是举，用人所长”和“能者上，庸者下”的原则，打破专业限制进行技术岗位竞聘，制定和落实选送优秀职工参加新技术、新知识、新工艺培训等激励措施，搭平台、压担子、促成长，为职工开辟成才快车道。例如，可以设定全员化的培训时间目标，一般可以规定每年每人 40 小时培训时间，课程可以包括技能文化在内的任意领域；二是紧密结合不同岗位特点、工作内容和能力要求，建立完善以培养、评价、使用、激励为重点的高技能人才工作体系，在薪酬、福利、培训等方面向关键岗位技能人才倾斜，畅通企业技能人才职业生涯发展通道。

4.2.6.4 确定企业员工培训的费用预算，落实到各个部门

可根据工作需要和岗位要求，制定“公司年度培训计划”。执行中所发生的外送培训费用，在培训结束，考试合格取得证明或证书，将证件原件交公司行政管理部备案后，准予报销全部培训费用，并与公司签订培训协议。如果员工是为了获得学历或高层次培训，且与现岗位要求并不直接对

接，其培训费用应自理，并只允许在业余时间进行学习，不得占用工作时间，影响正常工作。培训后，在公司任职不满一年的，本人应退回全部培训费用；培训后，在公司任职满一年不满二年的，本人应退回全部培训费用的 50%，以此类推，既能让员工解决培训经费的问题，又能保障公司的健康发展。

4.2.7 公办职业学校教师培训建议

新引进教师派送到大学业务进修，尽快掌握教案制作、授课技能等教学方法，提高新教师执教能力；安排骨干教师参与各种技能实践活动，增加教师实践经验和知识；聘请一批国内外专家定期或不定期来中心开展全员范围内的讲座和培训，如课程教材开发和相关专业技能等，传授培训经验，提升教学质量。

1）培训人数

2017—2019 年三年间，某县公共培训中心可培训公办职业技术学校教师共计 500 人，每年培训的人数依次为：150 人、150 人和 200 人。公办职业技术学校老师是某县公共培训中心培训课程的主要实施者，也是某县职业培训的主要力量，对该类人群的培训有助于其不断提升专业技能，从源头上保证某县职业技术教育的发展。

2）培训重点

从事教学工作必须懂学生心理，懂教学理论、方法和艺术，对该类人员，首先要注重教学理论进修，其次要注重专业技术的提升，如机械类、信息类、电子类、公共事务与艺术类专业进修，服装，财会，建筑和农技方面的培训。

对公办职业学校的教师开展职业培训，应该注意如下两点。

4.2.7.1 开展管理人员培训，提升管理理念，开阔视野

抽样调查结果显示，公办职业学校存在培训理念陈旧、缺乏新思路的问题，而培训理念的更新和新思路的开发由学校的管理人员主要负责。因此，本部分的培训建议主要是针对公办职业学校的管理人员而提出来的。在一所公办职业学校里面，管理人员起着至关重要的作用，他们的管理能力决定着所在学校的发展质量，他们的管理理念影响着学校的发展方向。因此，有必要对管理人员开展培训，提升他们管理理念，开拓其视野。

首先，他们可以赴亚洲、欧美发达国家参与调研，通过亲身参与，考察国外职业培训的内容、方法和管理，为建设现代化技能培训机构提供先进理念保障；其次，除了学习借鉴国外的先进管理理念，他们还应该走访国内相

关技能培训机构，并对它们进行全方位的考察，考察内容包括培训内容、师资情况和管理情况，为培训中心可持续发展提供可借鉴经验。

4.2.7.2 开展师资培训，改进教学方法

科学技术日新月异，越来越多的基础设备设施都要求实践操作者具备一定的理论知识。学校的老教师虽然有经验和一定的理论知识基础，但对新设备的性能了解不够深入，操控掌握不够熟练，新教师的理论不够全面，而且还缺乏相应的培训经验和好的培训手段；总的问题表现为教学方法陈旧落后，存在以老教师为中心而老教师在一定程度上又不能满足现代化教学需求的现象。因此，对教师进行职业培训刻不容缓。

第一，学校可以将新引进的教师派送到大学进修业务，尽快掌握教案制作、授课技能等教学方法，系统掌握现代教育理论和技能，提高业务素质和教育教学水平，逐步提高新教师执教能力，使其最终努力形成个人风格，成为他所在学科的教学带头人；第二，安排骨干教师参与各种技能实践活动，增加教师实际操作经验，增进知识的积累，更新教育观念，并促使骨干教师进一步树立终身学习的观念，自觉提升自己，带动全校的师资队伍，实现学校教师共同成长的愿景；第三，聘请一批国内外专家定期或不定期来中心开展全员范围的讲座和培训，如传授课程教材开发和相关专业技能，传授培训经验，提升教学质量。对教师群体主要采取理论与实践相结合、观摩与示范相结合、校内培养和校外培养相结合的办法，进行全面培训。

4.2.7.3 特色培训项目设计与实施

随着科技的不断进步，设备和技术也不断更新换代，培训中心需要适当开发一些新的培训项目以适应技能培训的发展，例如，可以适当进行文化补习、方言教学，法律法规、职业道德、安全常识宣传教育等方面的特色培训项目。

4.2.7.4 改进培训设施，满足培训需求

由于目前学校的实训设施基本陈旧，跟不上现有技能培训所要求的设备更新，严重影响培训效果，因此，设施的改进很有必要。

4.2.8 民办职业学校教师培训建议

近些年，虽然民办职业学校发展迅猛，但依旧存在很多不足和问题。本项目根据调研发现的问题，特别是教师的师资队伍的不稳定，导致学校教育

的发展也存在不稳定性。

1）培训人数

2017—2019 年，某县公共培训中心可以培训民办职业技术学校教师共计 500 人，每年培训的人数依次为：100 人、150 人和 250 人。民办职业技术学校老师素质良莠不齐，因此，前期可通过对公办职业技术学校教师的培训积累教师培训的经验，再逐年增加民办职业技术学校教师的培训，帮助其不断提升专业技能。

2）培训重点

从事教学工作必须懂学生心理，懂教学理论、方法和艺术，对该类人员，与公办职业学校教师培训相似，首先要注重教学理论进修，其次要注重转业技术的提升，加强机械类、信息类、电子类、公共事务与艺术类专业进修，服装、财会、建筑和农技方面的培训。

民办职业学校教师培训应该注重以下四点。

4.2.8.1　加强民办职业学校的师资队伍建设

从本次调研可以看出，与公办职业学校的教师的文化程度 91%为大学本科学历相比，民办职业学校教师的文化程度主要集中在大专和中专。而且民办职业学校中青年教师匮乏，年龄较大的教师所占比例过大，教师队伍年龄没有形成合理的橄榄型结构。教师年龄结构上的青黄不接为教育事业的可持续发展留下了隐患。

我国早在 1994 年就通过了《国家教委关于加强中等职业学校教师队伍建设的意见》，对各类中等职业学校的教师选聘、教师培训等做出了说明。2004 年又通过了《中华人民共和国民办教育促进法实施条例》，对各类民办学校教师的选聘和培训做了说明。与此同时，各省级政府也相继出台针对中等职业学校、民办中等职业学校教师队伍建设的意见。由此可以看出，做好民办中等职业学校教师队伍建设是中职学校教师队伍建设目前面临的主要任务。针对某县民办职业学校存在的问题，首先，可建立教师补充长效机制。解决中青年教师供给不足的难题，需要创新教师的补充机制，可实施民办职业学校义务教育学校教师特岗计划，建立健全义务教育学校教师流动机制，继续推进师范生免费教育并完善高校毕业生代偿机制，把妥善引退年纪较大的教师和持续引进优秀的青年教师有机结合起来，建立缺多少就补多少的长效机制；其次，各级地方政府应建立每年一补的民办职业教师引进制度和培训体制，坚决杜绝因财政经费紧张而缺多补少的现象。地方政府还要简政放权，让教育部门、民办职业学校有较大的办学自主权，能够将引进优秀教师政策落到实处；最后，切实提高民办职业教师福利待遇。提高我国教师的职业吸引力，需要从提高教师的待遇做起，这样可使更多优秀人才进入教育领域，提高教师整体素质。

4.2.8.2 搞好市场调研，准确发展定位

民办职业学校目前还处在一个较低的发展水平，这是由多种复杂因素综合形成的。一般来看，许多民办职业学校在创办之初，出于生存的目的，积极主动地适应市场需要，开设了一些与社会生活密切相关的专业，培养了不少社会各行业所急需的实用型职业人才。但是，从民办高校学生来源来看，主要是以未升学毕业生且以其中的落榜生为主体。由于民办职业学校也有学历教育，因此这批学生入学的心理动机是为争取到和其他同龄人一样的接受教育的权利，提升自我、父母、家庭的社会评价度，得到社会的认同和尊重。其心理需求等同于甚至是大于对职业学习的实际需求。他们认为进入民办职业学校很大一部分还是以继续升学为主，这就给民办职业学校带来了巨大的现实矛盾。学校领导者应对这个问题予以高度重视。搞好市场调研，以便及时调整专业设置，避免出现毕业生所学专业与社会岗位的不对口，造成社会的结构性失业。因此，民办职业学校应该找准他们的发展定位。由于某县经济园区主要以制造业等第二产业企业单位为主，民办职业学校教育应该将功能单一化，直接面对市场，人才培养目标明确，专业界限明晰，以应用性、技术性为特征。所以民办职业学校应以培养第二产业人才为主，稳定提高办学的规模和质量。

4.2.8.3 国家重视民办职业学校教师培训，加大资助力度

鉴于此类学校在设备投资方面金额甚大，需要有雄厚的财力作基础，因此，并不是以收取学费为主要财源的民办职业学校的强项，而主要应该由国家来主办，少数有实力的民办职业学校辅之。

4.2.8.4 培训课程设置的内容和方向主动服务于经济的发展

可根据管理人员和教师市场调研之后总结得到的经验，建设适合民办职业学校特点的技能培训体系，为周边县域经济服务为准，准确结合某县当地的经济发展状况，以及周边企事业单位的用工需求，开发相关专业的技能培训课程教材，例如，机械加工、电力、燃气及水的生产和供应业、物流业；设置相关课程，完善课程体系。

只有这样，才能促进某县的民办职业教育持续健康快速发展。

4.2.9 公民办幼儿园教师培训建议

本次调研针对公民办幼儿园都存在的一些共同的问题，从培训的理念、内容、师资、方式方法等四个方面对幼儿园教师培训工作阐述思考和建议。

1）培训人数

公民办幼儿园教师数量庞大，为了覆盖某县中心城区、乡镇幼儿园教师，2017—2019 年，某县公共培训中心应覆盖 1 150 人，分三年分别培养 300 人、400 人、550 人，逐年递增培训人数，实现公民办幼儿园教师培训从中心城区辐射乡镇，影响乡村的态势。

2）培训重点

公民办幼儿园教师首先要保证教师的素质，加强学前教学理论进修。同时，面对越来越多的全托幼儿学生，也应开展卫生保健技能、营养学、急救知识等保育方面的知识培训。

对公民办幼儿园教师的培训，要注意以下四点。

4.2.9.1 培训理念方面，使培训更具自主性、选择性和实效性

通过调研发现，很多幼教并不重视培训，接受职业培训的意识淡薄，整体文化素质不高。培训的指导思想应以科学发展观为指导，以“自主、多元、实效”为主题，以提高教师实践能力为根本，更新培训理念，完善培训机制，促进某县幼儿园的师资队伍向“师德高尚，业务精湛，结构合理，充满活力”的高素质专业化方向发展。

4.2.9.2 培训内容方面，要有针对性差异性

有关部门在确定培训内容时随意性很大，照搬职前培训的内容。由于某县每所幼儿园都被“授予”选择课程和实施课程的“自主权”，有些幼儿园还鼓励幼儿园编制和实施“园本课程”，因此各幼儿园在实施课程过程中也存在不小的差别。有部分幼儿园，特别是民办幼儿园，较少受制于政府部门的课程管理，自己选用幼儿园课程或使用自己编制的幼儿园课程。由此可见，对幼儿园教师实施的培训，要有针对性差异性，与他们实施的课程相一致，这样的培训才可能“事半功倍”。根据我们的调查，市区教师教学基本技能较强，他们更希望有教育理论、教科研、现代化教学技术方面的培训；农村教师则大都希望以基本教学技能为主。其他如课程教学研究、案例研究和贯彻执行新《幼儿园教育指导纲要》幼儿教师所应具备的四项基本技能也应当作为培训内容。因此各园要在深入调查研究的基础上，制

订培训计划，并适时调整，力求对教师的教育教学实践起到立竿见影的指导作用。当然，在这种多元、复杂的状态下，实施有针对性的培训，特别是将培训与教师实施的课程绑定，更需要细致的需求开发。可采用问卷调查或者访谈的方式实施幼教课程了解，并找出各实施课程之间的差异。例如，在幼儿园内部，根据各级教师需求的不同，设置以下培训层次：首先，全员培训。培训内容主要为思想政治和职业道德教育，现代教育理论，教育教学技能训练，教育教学实践研究，突出课程教材改革对教师知识能力的新要求、创新精神和实践能力的培养；其次，班主任培训。按照《中小学幼儿园班主任工作规定》有关要求，围绕幼儿心理健康教育、班级活动设计与组织、班级管理等方面内容，提高班主任工作艺术水平，营造和谐班级氛围，促进少年儿童健康成长；第三，青年教师培训。继续大力实施“青蓝工程”，指导青年教师科学制订并认真执行教师专业发展培训五年规划和年度计划，积极创设有利于青年教师快速成长的学术环境；第四，骨干教师培训。继续探索实施“骨干教师工程”，既要着眼培育市级骨干教师、名师，又要探索校级骨干教师培育选拔。把握因材施教、分类指导的原则，为富有潜力的教师掌握前沿教育理念、拓宽专业知识层面、提高学术研究水平创造良好的条件；最后，其他分组培训。要积极探索并充分发挥各小组的教育培训功能，促使教师在组内互帮。

4.2.9.3 在培训师资方面，坚持“走出去”和“请进来”的原则

本次调研还反映出一个突出问题，就是参与职业培训的教师普遍认为培训过程中很多学术用语听不懂。要使教师尽快理解并内化培训的教育策略与技能，就要讲教师听得懂的话。培训的有效性取决于培训师与每个被培训者之间以及被培训者之间的沟通、交流和分享的广度及深度，培训的过程既然是沟通、交流和分享的过程，必然会有信息的传递。而今，有些幼教培训师玩起了“深沉”，运用了很多新的名词和术语。引用了许多伟人、洋人的语录，套用了不少玄乎的隐喻和暗示，无非是想要展现自己的高明和与众不同。讲教师听得懂的话，这是对幼教培训的最起码要求。一个高明的幼教培训师应该是一个能用“大白话”讲透深奥道理的人，而不是一个用谁都听不明白的话去阐述一个简单道理的人。就这一点而言，新近发布的国际经合组织早期教育政策研究报告中“强势开端Ⅲ：早期教育和保育的质量工具箱”特别指出，对解释和演绎道理的人实施培训是很重要的，这样的培训要求他们将道理变成教育实践工作者容易理解和运用的东西，要求他们不要运用太学术化的语言。培训者水平的高低，决定培训的质量，因此内部培训者更需要有比

教师更高层次的培训机会，应该“走出去”多看多学多总结。首先，针对某县域经济的发展现状，应该首选与当地别的幼儿园合作培训的方法。由于地理位置相近的优势，政治经济和文化环境都相同，他们之间相互交流培训经验，更有助于幼教培训师高效地学习。应该发挥本园优秀教师和有教育、教学经验的老教师的传帮带作用，帮助中青年教师尽快成长。可以进行骨干教师与新教师“一对一”“一帮一”结对学习，重点是对新教师进行“如何组织幼儿园活动”的指导；其次，可以派遣即将成为幼教培训师的内部目标教师到其他省市甚至国外相关课堂进行学习，并且设置一定的绩效制度，选拔优秀的培训师资。内部教师光靠“走出去”是远远不够的，还应该把外省市、国外的优秀幼教培训讲师“请进来”。多请教育专家、优秀教师来校讲学，组织内部教师听这些专家、优秀教师的研究课、示范课、观摩课，学习教学技能、教学方法。教师之间通过互相听课，然后交流、研讨等方式达到提高教学的效果的目的。

4.2.9.4 关于培训的方式方法，应以参与互动式培训为主

幼教培训师以什么样的方式培训教师，可能会影响幼教教师用什么样的方式教育幼儿。改变对教师的培训方式，教师才会改变他们对幼儿的教育方式。因此培训的方式至关重要，为使教师通过培训获得新的、内化的、观念与行为融为一体的教育策略与技能，如何引导教师的主动学习与自我提高非常关键。

应开展经历、体验式的培训，如参与式培训，让教师经过“头脑风暴”列举观点，通过培训者的有效引导，使教师获得新的认识或重要策略。还有案例对比式培训，针对教育实践问题的发现、分析和研讨，引导教师反思、相互质疑，修正和完善教育策略，拓展经验，提升认识等。调研访谈中，很多幼儿教师表示，城乡结对、以赛促练、读书沙龙、网络交流等形式的培训方法深受欢迎。因此，幼教培训应灵活结合以上各种方法，调动幼教的积极性。

5 结束语

在某县各大企事业单位及相关部门领导的种种帮助与指导下，该县公共培训中心对该县县域经济用工情况及培训需求进行了调研。在调研实施过程

中，按合同任务大纲要求，该县公共培训中心完成了该县企业用工情况、九类培训目标群体的培训需求和公共培训中心自身的调研，并对调研数据进行了充分的分析处理且形成图表。在分析数据的基础上分别有针对性地提出了详细的培训建议。调研成果形成了调研报告。

通过这次调研的高效实施，我们实证性地体验到在一个县级地域设立一所职业能力培养学校、良好运营是十分重要和完全可行的，它能够统筹一个地方的所有培训资源，并革命性地提升政府投入的使用效果，以长效机制保证调研的科学性和培训需求分析的准确性，从而使职业能力的培养质量得到保障。

参考文献

[1] 孙文学. 以就业为导向的高职学生职业能力培养 ——兼论高职人才培养模式的变革[J]. 职业技术教育，2005，26（4）：20-22.

[2] 俞开其. 让学生身临“企”境 提升综合职业能力 ——浅谈中职学校如何营造良好的企业化实践环境[J]. 职业，2012（15）：178-179.

[3] 唐燕萍. 论综合职业能力的培养[J]. 中国职业技术教育，2002（22）：28-28.

[4] 王任达. 高职院校学生职业能力培养问题研究[J]. 天津大学学报，2005（2）：132-133.

[5] 牙韩司，李昌梅. 以就业为导向培养高职学生职业能力的研究与探索——以工商企业管理专业为例[J]. 文摘版：教育，2015（1）：270-270.

[6] 阳慧. 论高职院校学生职业能力的培养[J]. Journal of Hunan Economic Management College，2006，17（5）：202-204.

[7] 杨琼. 高职学生职业能力评价体系研究[J]. 浙江师范大学学报，2010（3）：88-89.

[8] 河北省劳动和社会保障厅. 河北省教育厅关于组织开展大中专院校毕业生就业促进专项活动的通知；冀劳社〔2007〕130号.

[9] 舒文，刘小涛. 浅论中小企业人才瓶颈及对策[J]. 经济研究导刊，2012.

[10] 赵曙明，成思危. 人力资源管理研究[M]. 北京：中国人民大学出版社，2004.

[11] （美）加里·德斯勒. 人力资源管理[M]. 6版. 北京：中国人民大学出版社，1999.

[12] 李剑. 人力资源管理实务必备手册[M]. 北京：中国言实出版社，2007.

[13] 刘智勇. WTO与民营企业人力资源管理[J]. 乡镇企业民营经济，2002.

[14] 吴雯芳. 美国企业人力资源管理再造[J]. 中国人力资源开发，1999.

[15] 刘国萍. 浅析企业人力资源的开发管理[J]. 管理论坛，2002.

[16] 吴佳丽. 民营企业人力资源管理中的问题与对策[J]. 云南财贸学院学报（社会科学版），2005.

[17] 张平. 私营企业人力资源管理存在的问题及其对策[J]. 北方经济，2003.

[18] 逯明明. 民营企业人力资源管理的对策研究. 中国人力资源网.
[19] 杨卫东. 如何建立科学的法人治理结构. http：//finance. sina. com. cn. 上海国资，2005 年 12 月 27 日 21：40.
[20] 叶伦，薛圣白. 事业单位法人治理结构建设对策 —— 以浙江省事业单位法人治理结构试点改革为例[J]. 人民论坛，2014（7）.
[21] 国务院办公厅《关于建立和完善事业单位法人治理结构的意见》(国办发〔2011〕37 号).
[22] 《关于进一步加强职业能力建设工作的实施意见》.（湘人社发〔2015〕32 号）.
[23] 肖运禄，肖萍. 强化职业能力培养，提升学生综合素质[J]. 职业技术教育，2013（4）.
[24] 舒文. 内化责任信念　强化技能训练[J]. 中外企业家，2011（1）.
[25] 舒文. 用“三张表”解决企业“招、用、留”顽疾[J]. 企业改革与管理，2015（8）.
[26] 舒文. 地方政府主导型企业职业能力培养学校的创立与运营[J]. 企业改革与管理，2015（12）.
[27] 舒文. 地方政府主导型职业能力培养学校法人治理结构研究[J]. 企业改革与管理，2016（4）.

后 记

在研究“职业能力培养学校的创立与运营”过程中，我突然感觉到现行高校哪怕是应用型本科院校和职业技术学院也没有主动走进用人单位，去深入分析其与本校各专业相对应的各岗位的任职资格和所需要的能力与素质条件。因此，我国高等教育就连高等职业教育都遭遇一种尴尬，那就是毕业生普遍不能满足社会需求，哪怕是专业对口的用人单位的最基层岗位也很难胜任。有资料表明，德国人说他们花了大量的钱资助我国职业教育的发展，但德国的企业在中国仍然很难招到合适的人才。究其原因主要是我国高等教育有自己的一套封闭式运行系统，其未能与社会用人系统有机融合，甚至呈现出自娱自乐的形态。这就使得高校人才供给不能适应并满足用人单位人才需求结构和需求水平的升级，因此，高校也必须深入推进人才培养供给侧结构性改革。基于这样的认识，我想到：如果高校能够主动分析用人单位各岗位的任职资格和所需要的能力与素质条件,然后据此设计并落地实施人才培养，毕业生的就业适应力必将大大提升；如果这样的毕业生在有了明确的工作岗位后再进入到地方政府主导型职业能力培养学校去培育具有地方性的职业能力，那就几近完美，何愁就业率和不能满足社会需求？

为此，我将继续进行研究，研究的课题为“用人单位岗位说明书‘倒逼制’高校人才培养模式研究”，该研究正是探索高校供给侧结构性改革的一种尝试，是提升高校毕业生能力水平从而提高就业率的应用性研究。该研究的基本逻辑是：高校各专业的老师经常深入专业对口用人单位进行调研，提炼出其岗位说明书或岗位工作分析表，然后回学校以学年为单位进行学校的各专业人才培养方案的制定与优化，以问题为导向实施人才培养过程并进行效果评估。

现实的情况是，提炼工作分析表和描述岗位说明书只是用人单位基于自己的人力资源开发的需要而做的，其成果并未传递给学校，两者各行其是，均未思考怎么结合。而高校特别是高职院校也做了如“顶岗实习”“工学交替”“课堂讲授知识+校内模拟实训+企业实习”和“订单班”等尝试，但其仍然是学校自我系统的延伸，和用人单位并未融合而形成人才培养价值链，这也是这几年很多大型企业集团内部办学校很有竞争力的重要原因。

今年是供给侧结构性改革的深化之年，推进高等教育供给侧结构性改革势在必行。从用人单位岗位说明书出发倒逼专业人才培养是高校人才培养的一大创新，是提升高校人才供给水平与能力的重要举措。通过研究，探索出高等学校和用人单位的最佳合作模式，以使高校高效提供专业人才，为经济社会发展提供持续的原动力和新动能。因此，此研究必将得到各级政府和相关研究机构的重视，其成果也将得到应用和推广。